Sentieri | 2

ATTRAVERSO L'ITALIA CONTEMPORANEA

Julia M. Cozzarelli
Ithaca College

VISTA
HIGHER LEARNING

Boston, Massachusetts

Copyright © 2011 by Vista Higher Learning.

All rights reserved.

No part of this work may be reproduced or distributed in any form or by any means, electronic or mechanical, including photocopying and recording, or by any information storage or retrieval system without prior written permission from Vista Higher Learning, 31 St. James Avenue, Boston, MA 02116-4104.

ISBN: 978-1-60576-641-6

1 2 3 4 5 6 7 8 9 RE 15 14 13 12 11 10

Table of Contents

Introduction		v

WORKBOOK

Unità 7	Lezione 7A	97
	Lezione 7B	105
	Avanti (Panorama)	113
Unità 8	Lezione 8A	115
	Lezione 8B	123
	Avanti (Panorama)	131
Unità 9	Lezione 9A	133
	Lezione 9B	139
	Avanti (Panorama)	145
Unità 10	Lezione 10A	147
	Lezione 10B	153
	Avanti (Panorama)	159
Unità 11	Lezione 11A	161
	Lezione 11B	167
	Avanti (Panorama)	173
Unità 12	Lezione 12A	175
	Lezione 12B	181
	Avanti (Panorama)	187

LAB MANUAL

Unità 7	Lezione 7A	55
	Lezione 7B	60
Unità 8	Lezione 8A	65
	Lezione 8B	70
Unità 9	Lezione 9A	75
	Lezione 9B	79
Unità 10	Lezione 10A	83
	Lezione 10B	87
Unità 11	Lezione 11A	91
	Lezione 11B	95
Unità 12	Lezione 12A	99
	Lezione 12B	103

VIDEO MANUAL

Unità 7	Lezione 7A	25
	Lezione 7B	27
Unità 8	Lezione 8A	29
	Lezione 8B	31
Unità 9	Lezione 9A	33
	Lezione 9B	35
Unità 10	Lezione 10A	37
	Lezione 10B	39
Unità 11	Lezione 11A	41
	Lezione 11B	43
Unità 12	Lezione 12A	45
	Lezione 12B	47

Introduction

The SENTIERI Workbook

Completely coordinated with the **SENTIERI** textbook, the Workbook for **SENTIERI** provides additional practice of the vocabulary and grammar presented in each of the textbook's twelve units. The Workbook will also help you build your reading and writing skills in Italian. Icons and page references in the **risorse** boxes of the **SENTIERI** textbook correlate the Workbook to your textbook, letting you know where you can find additional practice for a given vocabulary set or grammar point. Answers to the Workbook activities are located in a separate Answer Key.

The Workbook contains materials for both lessons in each unit, as well as materials for the **Panorama** section of **Avanti**. Each lesson's workbook activities focus on developing your reading and writing skills as they recycle the language of the corresponding textbook lesson and unit. Activity formats include, but are not limited to: true/false, multiple choice, fill-in-the-blanks, sentence completion, sentence expansion, and answering questions. You will also find activities based on maps, photographs, and illustrations.

Reflecting the overall organization of the unit structure, each workbook unit contains two lessons, each of which contains **Contesti** and **Strutture** sections, followed by a **Panorama** section corresponding to the region(s) presented in **Avanti**.

The SENTIERI Lab Manual

Completely coordinated with the **SENTIERI** textbook, the Lab Manual for **SENTIERI** provides additional practice of the vocabulary and grammar presented in each of the textbook's twelve units. The Lab Manual will also help you build your listening and speaking skills in Italian. Icons and page references in the **risorse** boxes of the **SENTIERI** textbook correlate the Lab Manual to your textbook, letting you know when additional practice is available. Answers to the Lab Manual activities are located in a separate Answer Key.

The laboratory activities are designed for use with the **SENTIERI** Lab Program MP3s on the **SENTIERI** Supersite. They focus on building your listening comprehension, speaking, and pronunciation skills in Italian as they reinforce the vocabulary and grammar of the corresponding textbook lesson. The Lab Manual guides you through the Lab MP3 files, providing the printed cues—direction lines, models, charts, drawings, etc.—you will need in order to follow along easily. You will hear statements, questions, mini-dialogues, conversations, monologues, and many other kinds of listening passages, all recorded by native Italian speakers. You will encounter a wide range of activities, such as listening-and-repeating exercises, listening-and-speaking practice, listening-and-writing activities, illustration-based work, and dictations.

Each laboratory lesson contains a **Contesti** section that practices the active vocabulary taught in the corresponding textbook lesson. The **Pronuncia e ortografia** section parallels the one found in your textbook, and, in addition, offers a dictation activity. Each laboratory lesson includes sections for each **Strutture** presentation in the lesson.

The **SENTIERI** Video Manual

The **SENTIERI Fotoromanzo** video episodes offer approximately seven minutes of dramatic footage for each textbook lesson, i.e., two episodes per unit. Each episode tells the continuing story of four college students studying in Rome. They live together in a *pensione*, where they frequently meet and interact with the landlady and her teenage son. The video, shot in a variety of locations in Rome, tells their story. The video modules contain two distinct elements. First, you will see a dramatic episode that brings the themes, vocabulary, grammar, and language functions of the corresponding textbook lesson to life. These vignettes are expanded versions of the ones featured in the **Fotoromanzo** sections of your textbook. Each dramatic episode then ends with a **Riepilogo** segment in which a narrator calls out key, active language from the video episode, highlighting functional vocabulary and grammatical structures in the context of their use by the video characters.

The video activities will guide you through the video modules. **Prima di guardare** offers previewing activities to prepare you for successful video viewing experiences. **Durante il video** contains while-viewing activities that will track you through each module, focusing on key ideas and events in the dramatic episode and its **Riepilogo** segment. Lastly, **Dopo la visione** provides post-viewing activities that check your comprehension and ask you to apply these concepts to your own life or to offer your own opinions.

We hope that you will find the **SENTIERI** Student Activities Manual to be a useful language learning resource and that it will help you to increase your Italian language skills in a productive, enjoyable way.

*The **SENTIERI** author and Vista Higher Learning editorial staff*

Nome _____ **Data** _____

Unità 7
CONTESTI
Lezione 7A

1 **La casa** Label the rooms and items indicated.

1. _____
2. _____
3. _____
4. _____
5. _____
6. _____
7. _____
8. _____
9. _____

2 **In quale stanza?** Match each item with the room where it belongs.

la cassettiera	il divano	la poltrona
il comodino	il gabinetto	la scrivania
la credenza	il piano cottura	la vasca da bagno

1. il soggiorno

   _____
   _____

2. lo studio

   _____
   _____

3. il bagno

   _____
   _____

4. la cucina

   _____
   _____

5. la camera da letto

   _____
   _____

Nome _____ **Data** _____

Workbook

3 **Dove sono?** Write the part of the house most logically associated with each of the statements below.

1. Preparo la colazione per me e mio fratello. _____

2. È tardi e vado a dormire. _____

3. Leggo un libro o guardo la televisione. _____

4. Ho appena parcheggiato la mia macchina. _____

5. Mi faccio la doccia. _____

6. Mio padre lavora in questa stanza. _____

4 **Dove abiti?** Write the type of dwelling that matches each description.

> **Modello**
> È una stanza con due letti. <u>la camera doppia</u>

1. È una casa grande fuori città. _____

2. È un piccolo appartamento con solo una stanza principale. _____

3. È un'abitazione composta da una o più camere da letto, cucina, bagno e soggiorno.
   _____

4. In questo edificio (*building*) ci sono 24 appartamenti. _____

5. È un appartamento con due stanze. _____

5 **La mia casa** Complete each sentence using the cue provided.

1. La cucina è _____ (*to the right*) del bagno.

2. Il soggiorno è _____ (*next to*) alla cucina.

3. Ovviamente, il garage è _____ (*outside*).

4. I miei calzini sono _____ (*inside*) la cassettiera.

5. Ho due poster _____ (*behind*) la porta della mia camera.

6. La seconda camera da letto è _____ (*in front of*) alla cucina.

7. Il bagno è _____ (*to the left*) del soggiorno.

8. Il balcone è _____ (*above*) il garage.

98 **Unità 7** Workbook Activities

© by Vista Higher Learning. All rights reserved.

STRUTTURE

7A.1 The *futuro semplice*

1 **Tra dieci anni** You are discussing with a group of friends what each of you plans to be doing ten years from now. Conjugate each verb in the future tense to find out everyone's plans.

1. Io _____ (viaggiare) in tutto il mondo per ragioni di (*because of*) lavoro.
2. Noi _____ (visitare) le piramidi d'Egitto.
3. Gennaro _____ (sposarsi) con Elena.
4. Voi _____ (giocare) a calcio nella squadra nazionale italiana.
5. Martina _____ (scrivere) libri per bambini.
6. Loro _____ (comprare) un'isola nei Caraibi.
7. Noi _____ (aprire) un ristorante italiano.
8. Tu _____ (diventare) il presidente degli Stati Uniti.

2 **Cose da fare** Look at these photos and write complete sentences in the **futuro semplice** using the cues provided.

1. lunedì / io / comprare i francobolli (*stamps*)

2. martedì / loro / fare spese

3. mercoledì / noi / visitare la città

4. giovedì / voi / passeggiare con gli amici

5. venerdì / tu / pagare il conto

6. sabato / lui / spedire le lettere

Nome _____ **Data** _____

3 **Quest'estate** Choose the best verb to complete each sentence and fill in the blank using the correct form of the **futuro semplice**.

andare	dovere	incontrare	rimanere	vivere
avere	essere	potere	sapere	volere

1. Lucilla e Paolo _____ lavorare tutta l'estate.

2. Tu _____ a casa.

3. Io _____ i cugini che non vedo da due anni.

4. Tu e Lucia non _____ viaggiare perché non avete soldi.

5. Loro _____ nell'appartamento di Gioia per tre mesi.

6. Giampiero _____ 16 anni.

7. Tu cosa _____ fare quest'estate?

8. Noi _____ felici perché non c'è scuola.

9. Io _____ se ho passato gli esami.

10. La mia famiglia _____ in vacanza in Europa.

4 **Il vostro futuro** You and your friends go to see a fortune-teller. Use the **futuro semplice** to create sentences with the elements provided and find out her predictions.

1. voi / dovere / partire / per un paese lontano

   _____

2. uno di voi / ricevere / buone notizie

   _____

3. le ragazze / fare / qualcosa di straordinario (*extraordinary*)

   _____

4. noi tutti / avere / molta fortuna / la settimana prossima

   _____

5. sfortunatamente / lui / non / volere / fare attenzione / a venerdì 17

   _____

6. tu / essere / molto vulnerabile / dopo il 21 di questo mese

   _____

7. loro / sapere / risolvere tutti i problemi

   _____

8. io / partire / per una vacanza fantastica!

   _____

Nome _____ **Data** _____

7A.2 Usage of the *futuro semplice*

1 **Futuro o futuro di probabilità?** Read each question and determine whether the answer should be in the **futuro** or **futuro di probabilità**.

	Futuro	Futuro di probabilità
1. Cosa farà l'insegnante di italiano tra cinque anni?	○	○
2. Quali corsi avrai domani?	○	○
3. Quando sarà la prossima luna piena (*full moon*)?	○	○
4. Chi sarà il prossimo presidente italiano?	○	○
5. Che voto prenderai nel prossimo esame?	○	○
6. Vedrai i tuoi amici stasera?	○	○
7. Leggerai l'oroscopo oggi?	○	○
8. Quanti studenti nuovi verranno alla tua scuola l'anno prossimo?	○	○

2 **Domande** Answer these questions using the cues provided. Use the **futuro** in your answers.

1. Che ore sono? (17.30) _____

2. Cosa c'è alla TV stasera? (un documentario) _____

3. Cosa fa Maria domani? (andare in discoteca) _____

4. Chi può venire con noi? (quattro persone) _____

5. Cosa beve il tuo fratellino? (latte al cioccolato) _____

6. Chi è Sabina? (sua cugina) _____

3 **Espressioni di tempo** Read this paragraph and fill in the missing words using expressions of time from the list.

domani	fra una settimana	in futuro	questo weekend
dopodomani	fra quattro giorni	la settimana prossima	tra poco

Questa settimana farò molte cose. Oggi pomeriggio, lunedì, andrò in classe. (1) _____,

martedì, non avrò lezione e dormirò. (2) _____, mercoledì, passerò la giornata

con gli amici. (3) _____, sabato e domenica, andrò a visitare i miei zii.

(4) _____, quando avrò una macchina, potrò visitarli più spesso.

(5) _____, venerdì, vedrò la mia migliore amica. Lunedì prossimo, cioè

(6) _____, il semestre finirà. (7) _____, subito dopo la

fine del semestre, cercherò un lavoro per l'estate. Ma guarda! Sono già le 11.30 e

(8) _____ incontrerò i miei amici per andare a pranzo. Che bello!

© by Vista Higher Learning. All rights reserved. **Unità 7** Workbook Activities **101**

Nome _____ **Data** _____

4 **Una lettera** Your friend has written to you in the present tense, telling you her plans for this summer. Read through her letter and write the future-tense form of each verb in the space provided.

Quest'estate (1) <u>vado</u> in vacanza in Europa per un mese con Giuliana e Carolina. Noi (2) <u>visitiamo</u> le città più famose e tutti i principali monumenti. Io (3) <u>provo</u> anche a mangiare cose che non ho mai mangiato prima. Giuliana e Carolina (4) <u>fanno</u> moltissime fotografie e noi tutte, a turno, (5) <u>usiamo</u> la nostra nuova videocamera. Quando noi (6) <u>torniamo</u>, io (7) <u>vengo</u> a casa tua e tu (8) <u>puoi</u> vederle. Sono sicura che noi (9) <u>ci divertiamo</u> molto. Io ti (10) <u>porto</u> un regalo, ma non ti (11) <u>dico</u> cos'è, (12) <u>è</u> una sorpresa!

A presto,

Beatrice

1. _____   5. _____   9. _____

2. _____   6. _____   10. _____

3. _____   7. _____   11. _____

4. _____   8. _____   12. _____

5 **Cosa farai questo fine settimana?** Complete the table by writing a few things you, your friends, and your family will do this weekend. Then, write a short paragraph about your plans using the **futuro semplice**.

	io	i miei amici	la mia famiglia
venerdì			
sabato			
domenica			

_____

_____

_____

_____

_____

_____

_____

_____

_____

_____

_____

_____

Nome _____ Data _____

7A.3 Double object pronouns

1 **Al ristorante** You overheard the following statements at a restaurant. Match the underlined pronouns with the nouns they refer to.

_____ 1. Ve la raccomando sicuramente.

_____ 2. Me lo porta, per favore?

_____ 3. Glielo mostro subito.

_____ 4. Ce le ordina Roberto.

_____ 5. Il cameriere glielo cambia.

_____ 6. Lo porto loro fra due minuti.

a. a Giacomo; il menu

b. a te e a Cristina; la zuppa

c. a Vittoria e a Leonardo; il caffè

d. la signora Caldetti; il tovagliolo

e. a te e a me; le bibite

f. a me; il sale

2 **Trasformazione** Read these sentences, then rewrite them replacing the direct and indirect objects with double pronouns.

1. La mamma compra un poster ai bambini. _____

2. Mia cugina presta la lampada a me. _____

3. I miei amici portano una poltrona a noi. _____

4. Noi puliamo il garage per voi. _____

5. Io lavo le tende per mia nonna. _____

6. I tuoi genitori comprano un monolocale a te. _____

7. Noi puliamo gli scaffali per loro. _____

8. Voi regalate degli asciugamani a me. _____

3 **La nostra routine** Read these sentences about your friend's daily routine. Complete the sentences, conjugating the verb and using double pronouns.

> **Modello**
>
> Voi *ve li provate* davanti allo specchio. (provarsi i pantaloni)

1. Io _____ (farsi la doccia) tutte le mattine alle 8.00.

2. Tu _____ (lavarsi i capelli) tutti i giorni?

3. Mia sorella _____ (pettinarsi i capelli) dieci volte al giorno.

4. I miei fratelli sono piccoli e non _____ (radersi la barba) ancora.

5. Io e mia mamma _____ (mettersi il rossetto).

6. Mio padre lavora in giardino e _____ (pulirsi le mani) spesso.

© by Vista Higher Learning. All rights reserved. **Unità 7** Workbook Activities **103**

Nome _____ Data _____

4 **Domande e risposte** Read these questions and answer them using double object pronouns.

1. Quando hai portato il regalo alla tua famiglia?
   _____
2. Quanti studenti ci sono nella tua classe d'italiano?
   _____
3. Quanto spesso ti lavi i capelli?
   _____
4. C'è un televisore nella tua classe d'italiano?
   _____
5. Hai mai prestato il tuo cellulare ai tuoi amici?
   _____
6. Puoi portare un caffè a me?
   _____
7. A che ora ti fai la doccia?
   _____
8. Quanti esercizi hai dovuto fare per l'insegnante d'italiano?
   _____

5 **Oggetti** Look at the illustrations. Write one complete sentence in the **passato prossimo** for each of them. Include a direct object and an indirect object. Then replace them with double object pronouns. Use a different verb in each sentence and pay attention to the agreement of the past participle.

> **Modello**
> Io ho comprato un regalo per Mario. Io gliel'ho comprato.

 1.
 2.
 3.
 4.
 5.
 6.

1. _____
2. _____
3. _____
4. _____
5. _____
6. _____

104 Unità 7 Workbook Activities

Nome _____ Data _____

Unità 7
Lezione 7B

CONTESTI

1 Trova l'intruso Indicate the item that does not belong in each group.

1. spazzare, passare l'aspirapolvere, usare la scopa, fare il bucato
2. sparecchiare la tavola, la spazzatura, lavare i piatti, pulire i fornelli
3. spolverare, sporcare, mettere in ordine, fare le faccende
4. il lavello, il lenzuolo, il cuscino, la coperta
5. il congelatore, la scopa, il frigorifero, il microonde
6. la caffettiera, il tostapane, il frigorifero, il bucato
7. il lenzuolo, fare il letto, spazzare, stirare
8. l'asse da stiro, il bucato, il forno, il ferro

2 Cosa fanno? Write a sentence describing each of these household chores.

1. _____

2. _____

3. _____

4. _____

3 Che cosa usi? Read the list of household chores and match each of them with one of the items or appliances listed.

_____ 1. apparecchiare   a. la lavatrice
_____ 2. fare il caffè   b. i fornelli
_____ 3. lavare i vestiti   c. la lavastoviglie
_____ 4. cucinare   d. il ferro
_____ 5. fare i popcorn   e. il microonde
_____ 6. lavare i piatti   f. la tavola
_____ 7. stirare   g. l'aspirapolvere
_____ 8. pulire i pavimenti   h. la caffettiera

Nome _____ **Data** _____

4 **L'appartamento** Read the dialogue and complete it with the words provided, using each word only once. Make any necessary changes to the words and expressions to fit the context.

apparecchiare	il bucato	essere un porcile	lavare i piatti	la spazzatura
l'asse da stiro	il cortile	i fornelli	passare	
i balconi	i cuscini	impeccabile	schifoso	

PATRIZIA Guarda quest'appartamento, (1) _____!

FEDERICA Sì, è davvero (2) _____. Dobbiamo pulirlo!

PATRIZIA Allora, io vado in cucina e (3) _____.

FEDERICA Quando la lavatrice è finita, io prendo (4) _____ e stiro. Sai dov'è (5) _____?

PATRIZIA È in soggiorno. Dopo i piatti, io posso fare il letto. Dove sono (6) _____?

FEDERICA Sono sotto il lenzuolo. Dopo il letto, puoi finire di fare le faccende in cucina?

PATRIZIA Certo! Pulisco (7) _____ e poi (8) _____ la tavola per stasera.

FEDERICA Ed io (9) _____ l'aspirapolvere e porto fuori (10) _____.

PATRIZIA Perfetto! Quando finiremo, quest'appartamento sarà (11) _____!

FEDERICA E domani possiamo lavorare fuori e pulire (12) _____ e (13) _____!

5 **Divisione delle faccende** You are getting a new roommate. Write him/her a letter explaining how you are going to divide up the housework. Explain who should do each chore and how frequently.

_____
_____
_____
_____
_____
_____
_____
_____
_____
_____
_____
_____
_____
_____

106 **Unità 7** Workbook Activities © by Vista Higher Learning. All rights reserved.

Nome _____ **Data** _____

STRUTTURE

7B.1 The informal imperative

1 **Suggerimenti** Complete these exchanges by providing the appropriate command forms of the verbs in the list. Pay attention to the subject (**tu, voi, noi**) for each verb.

avere	dire
camminare	fare
comprare	indossare

ANTONIO Mamma, esco con i miei amici!
LA MAMMA Antonio, fa freddo, (1) _____ i guanti e il cappello!

IDA E PAOLO Cosa possiamo regalare a Matteo?
PADRE (2) _____ quella penna, è molto elegante.

MARIANNA Rossella, è tardi?
ROSSELLA Sì, siamo in ritardo, (3) _____ più velocemente!

SOFIA Andrea, mi presti la tua macchina?
ANDREA Certo, ma (4) _____ attenzione, è una macchina vecchia.

GIOVANNI Alessandro, io e Lello ti aspettiamo da un'ora!
ALESSANDRO (5) _____ pazienza, sono quasi pronto!

LETIZIA Papà, posso andare in piscina?
IL PADRE Sì, ma (6) _____ anche alla mamma dove vai.

2 **Consigli** Give a piece of advice using a command form of the verb given for each illustration.

Modello
noi / andare <u>Andiamo in palestra</u>!

1. tu / dire a me
_____
_____

2. tu / non / mangiare
_____
_____

3. tu / andare
_____
_____

4. noi / non / bere
_____
_____

5. voi / non / arrivare
_____
_____

6. voi / chiedere
_____
_____

Nome _____ **Data** _____

3 Un viaggio
Orietta is about to go on a trip. Rewrite each piece of advice, replacing the direct or indirect object noun with a direct or indirect object pronoun.

1. Fai le valigie due giorni prima di partire.

   _____

2. Non parlare a persone strane.

   _____

3. Non dimenticarti i biglietti.

   _____

4. Telefona a noi quando arrivi.

   _____

5. Prendi la borsa quando esci dall'albergo.

   _____

6. Dì al fattorino (*bellboy*) dell'albergo che hai bisogno di aiuto con le valigie.

   _____

7. Ricordati il passaporto!

   _____

8. Offri una buona mancia quando lasci l'albergo.

   _____

4 Quale verbo?
Give the correct imperative form of each verb, then find it in the puzzle.

1. tu / avere
2. voi / essere
3. noi / spazzare
4. tu / fare
5. voi / sparecchiare
6. tu / mettere
7. noi / stirare
8. tu / stare
9. voi / spolverare
10. tu / finire

```
L  E  T  A  I  H  C  C  E  R  A  P  S  M  G
R  F  S  D  A  C  V  B  O  U  A  I  A  Q  D
A  I  R  E  D  G  L  C  B  M  V  U  O  L  P
B  R  T  O  S  T  A  I  R  F  E  M  D  M  G
B  F  S  D  C  C  V  B  O  U  A  I  A  Q  F
I  I  R  M  E  E  L  C  B  I  O  U  V  I  P
N  R  T  O  E  S  P  E  Z  F  V  Z  N  M  G
T  F  S  S  O  R  V  Z  O  U  R  I  M  Q  D
A  I  N  T  S  I  A  T  E  M  S  U  O  L  P
V  O  T  I  A  P  F  T  C  C  V  A  T  E  G
O  F  V  R  S  C  V  B  I  U  M  M  A  Q  D
N  R  T  I  V  S  P  E  R  F  V  E  A  M  G
T  F  S  A  O  I  V  B  O  U  R  I  T  Q  F
L  R  T  M  O  A  S  P  E  R  F  V  Z  T  A
R  S  P  O  L  V  E  R  A  T  E  I  A  Q  I
```

108 **Unità 7** Workbook Activities

© by Vista Higher Learning. All rights reserved.

Nome _____ **Data** _____

7B.2 The formal imperative

1 **Signore e signori** Complete these sentences with the correct forms of the **imperativo**.

1. Signora Citti, non _____ (lavare) i piatti, li faccio io.
2. Professori, _____ (mettere) in ordine i Loro uffici.
3. Signor Gelitti, _____ (portare) fuori la spazzatura.
4. Dottori, _____ (scrivere) le ricette per i pazienti.
5. Per favore, signor Bianchi, mi _____ (aprire) la porta.
6. Colleghi, _____ (firmare) i documenti.
7. Signora Stefanello, _____ (essere) pronta alle 8.00.
8. Signor Gabrielli, _____ (avere) i documenti pronti quando viene in ufficio.

2 **Cosa devono fare?** Look at the illustrations and write a sentence using each of the verbs provided. Use the formal imperative.

1. mettersi a dieta
   _____

2. stare attenta
   _____

3. dare cibo al bambino
   _____

4. prendere un caffè
   _____

5. non mangiare tanto
   _____

6. chiudere la porta
   _____

Nome _____ **Data** _____

3 **Espressioni** Complete each sentence with an expression from the list.

si accomodi	mi passi
aspetti	prenda
mi dia	non si preoccupi
mi dica	senta

1. L'agente immobiliare sarà qui alle 2.00. _____ nel Suo ufficio.

2. Signora, _____, ha dimenticato la giacca!

3. _____, Eleonora, quali esperienze ha in questo tipo di lavoro?

4. Signore, _____. L'aiuto io.

5. Scusi, _____ il sale, per favore.

6. _____ questa canzone e mi dica la Sua opinione.

7. Lei è malato, _____ un'aspirina.

8. _____ le chiavi e io parcheggio la macchina per Lei.

4 **Frasi incomplete** Write complete sentences using the cues below and the formal imperative.

1. mi / scrivere / indicazioni / per arrivare / casa Sua

_____

2. portare / nuovo divano / lunedì pomeriggio

_____

3. signori, / parlare / più forte; / non / sentiamo

_____

4. telefonare / subito / polizia

_____

5. essere / gentile, / mi / lasciare / entrare

_____

6. professori, / sapere / che / studenti / essere / molto preparati

_____

7. non / preoccuparsi, / avvocato, / io / essere / sempre / puntuale

_____

8. signor Gentili / stare / a casa, / fare / molto freddo / fuori

_____

110 **Unità 7** Workbook Activities · © by Vista Higher Learning. All rights reserved.

Nome _____ **Data** _____

7B.3 Time expressions

1 **Da, durare o durante?** Read each sentence and choose the appropriate time expression.

1. Ha mangiato cioccolatini _____ tutto il film.
   a. da   b. dura   c. durante

2. Puliamo il garage _____ due ore.
   a. da   b. dura   c. durante

3. Parliamo solo italiano _____ la lezione.
   a. da   b. dura   c. durante

4. Il programma _____ un'ora.
   a. da   b. dura   c. durante

5. Aspettiamo il treno _____ quaranta minuti.
   a. da   b. dura   c. durante

6. Quanto _____ la presentazione?
   a. da   b. dura   c. durante

2 **Volerci o metterci?** Complete these dialogues with the correct forms of **volerci** or **metterci** in the present tense.

1. —Quante persone _____ per portare la scrivania al secondo piano?

   —_____ solo una persona, è leggera.

2. —È vero che _____ meno di un'ora a fare questo dolce?

   —Sì, _____ quarantacinque minuti.

3. —Io non _____ molto tempo a fare questo esercizio.

   —Tu sei bravo! Io e Barbara _____ più di trenta minuti.

4. —_____ molto coraggio a cantare in pubblico!

   —Sì, _____ coraggio ed energia!

5. —Loro _____ un giorno intero a venire qui in macchina.

   —Tu, invece, _____ quattro ore in treno.

6. —Quanto tempo (voi) _____ a finire un libro?

   —(Noi) _____ due giorni.

7. —_____ tanto tempo a lavare i piatti!

   —E _____ ore per pulire tutto l'appartamento con la scopa!

8. —La lavatrice _____ trentacinque minuti a finire il ciclo.

   —Ma poi io _____ più di trentacinque minuti a stirare i vestiti!

© by Vista Higher Learning. All rights reserved.

Unità 7 Workbook Activities

111

Nome _____ **Data** _____

3 **Nel passato** Now, complete the same sentences, using the correct forms of **volerci** or **metterci** in the **passato prossimo**.

1. —Quante persone _____ per portare la scrivania al secondo piano?
   —_____ solo una persona, è leggera.

2. —È vero che _____ meno di un'ora a fare questo dolce?
   —Sì, _____ quarantacinque minuti.

3. —Io non _____ molto tempo a fare questo esercizio.
   —Tu sei bravo! Io e Barbara _____ più di trenta minuti.

4. —_____ molto coraggio a cantare in pubblico!
   —Sì, _____ coraggio ed energia!

5. —Loro _____ un giorno intero a venire qui in macchina.
   —Tu, invece, _____ quattro ore in treno.

6. —Quanto tempo (voi) _____ a finire un libro?
   —(Noi) _____ due giorni.

7. —_____ tanto tempo a lavare i piatti!
   —E _____ ore per pulire tutto l'appartamento con la scopa!

8. —La lavatrice _____ trentacinque minuti a finire il ciclo.
   —Ma poi io _____ più di trentacinque minuti a stirare i vestiti!

4 **Prima e dopo** Write complete sentences using the cues. Use **prima di** and **dopo** twice each in your responses.

> **Modello**
>
> giocare con i videogiochi / studiare
> *Prima di giocare con i videogiochi, studio./Dopo aver giocato con i videogiochi, studio.*

1. lavorare molto / affittare un appartamento

   _____

2. attaccare il poster / mangiare una pizza

   _____

3. fare il letto / guardare la televisione

   _____

4. portare fuori la spazzatura / leggere

   _____

5 **Il tempo** Choose the correct verb to complete each sentence.

1. Come (passi / perdi) il tuo tempo di solito?
2. Io (risparmio / passo) tempo quando vado al supermercato la sera.
3. Io non (risparmio / perdo) tempo a guardare programmi poco interessanti alla TV.
4. Loro (passano / risparmiano) molto tempo a parlarsi al telefono.
5. Tu sei sempre molto organizzata e non ti piace (passare / perdere) tempo.
6. Quando c'è molto traffico, (passate / risparmiate) tempo se andate a piedi.

112 **Unità 7** Workbook Activities © by Vista Higher Learning. All rights reserved.

Nome _____   Data _____

Unità 7   Avanti

PANORAMA

1   Sicilia o Sardegna? Determine whether the items listed belong to **Sicilia** or **Sardegna**.

	Sicilia	Sardegna
1. Cagliari	○	○
2. monte Etna	○	○
3. Archimede di Siracusa	○	○
4. Catania	○	○
5. Grazia Deledda	○	○
6. il Duomo di Palermo	○	○
7. popolazione di circa 1,5 milioni	○	○
8. industrie tessili	○	○
9. Luigi Pirandello	○	○
10. Natalia Ginzburg	○	○

2   Diapositive Write a one-sentence caption in Italian to accompany each of these slides (**diapositive**) of **Sicilia** and **Sardegna**.

1. _____

2. _____

3. _____

4. _____

5. _____

6. _____

3   Personaggi celebri Match each description to the name of the person it best describes.

_____ 1. È stato matematico e inventore.
_____ 2. È una scrittrice sarda del XX secolo.
_____ 3. È stata la regina di Sardegna.
_____ 4. Ha fondato la società di telecomunicazioni Tiscali.
_____ 5. È un'attrice siciliana molto famosa in Italia e in America.
_____ 6. Politico italiano, è stato uno dei fondatori del Partito Comunista Italiano nel 1921.

a. Grazia Deledda
b. Maria Grazia Cucinotta
c. Archimede
d. Antonio Gramsci
e. Eleonora d'Arborea
f. Renato Soru

4 Vero o falso? Read these sentences and indicate whether each statement is **vero** or **falso**.

	Vero	Falso
1. I nuraghi sono costruzioni tipiche sarde.	○	○
2. Durante il carnevale di Mamoiada, gli Issohadores indossano una maschera nera.	○	○
3. Lo scirocco viene dal Nord Italia.	○	○
4. I cannoli sono nati in Sardegna.	○	○
5. I nuraghi erano costruzioni militari o religiose.	○	○
6. Il carnevale di Mamoiada è uguale al carnevale di Venezia.	○	○
7. I cannoli sono ripieni di ricotta e frutta candita.	○	○
8. Lo scirocco può creare problemi di salute.	○	○

5 Un premio speciale Your name was drawn in a lottery and you get to choose one of the following prizes. Decide which option you would choose and explain your choice. Describe what you would expect to do and see on your trip.

1. una settimana in un nuraghe (puoi portare un'altra persona con te)
2. partecipazione al carnevale di Mamoiada come Mamuthone o come Issohadore
3. due settimane in Sicilia per frequentare un corso di gastronomia
4. un fine settimana a Castelbuono per imparare tutto sugli asini che raccolgono i rifiuti

_____
_____
_____
_____
_____
_____
_____
_____
_____
_____

Nome _____ Data _____

Unità 8

Lezione 8A

CONTESTI

1 **Quale altra parola?** Choose the lesson vocabulary word or expression that best completes each list. Don't forget to include the appropriate definite article.

biglietto	stazione
cofano	traghetto
meccanico	vetro
motorino	vigile urbana

1. la stazione di servizio, fare benzina, _____

2. la portiera, la gomma, _____

3. la barca, la nave, _____

4. il controllore, convalidare, _____

5. il binario, il treno, _____

6. la multa, il limite di velocità, _____

7. i fari, i tergicristalli, _____

8. il taxi, il camion, _____

2 **Parole mescolate** Unscramble the letters to find the word needed to complete each sentence.

Modello

Mi piace molto RIAGIVEGA. *viaggiare*

1. Prima di salire in metropolitana, devi VADINLCEORA il biglietto. _____

2. Per guidare di notte, devi usare i RAFI. _____

3. Se non vuoi usare la tua macchina, puoi LERENOGIGA un'altra macchina. _____

4. Mi piace questo ITASUTA perché guida molto bene. _____

5. Il meccanico deve IRAPRAER questa macchina. _____

6. Il LIGEIV BUNARO controlla il traffico. _____

7. Quando piove devi usare i GRESTLIRALICIT. _____

8. Non guido bene se il REVOT è sporco. _____

9. Il FARFICOT in città è terribile la mattina. _____

10. Il limite di velocità in SDOTARUAAT è 130 km/h. _____

11. I MACONI lenti bloccano il traffico. _____

12. Secondo me, il problema è la IFIRONZE. _____

13. Andavo toppo veloce e il vigile mi ha fatto la TALMU. _____

14. Un italiano prende la TENEPTA a 18 anni. _____

15. Di solito in treno viaggio in CADENSO classe. _____

16. Se hai bisogno di un biglietto, puoi comprarlo in IEGITITBRELA. _____

© by Vista Higher Learning. All rights reserved.

Unità 8 Workbook Activities **115**

Nome	Data

3 **Mettere etichette** Label each of the means of transportation depicted below.

1.   2.   3.   4.

1. _____
2. _____
3. _____
4. _____

4 **Una cartolina** Complete Nicoletta's postcard with the appropriate expressions in parentheses.

Ciao Lucio!
Sono in vacanza con Piero e ci stiamo divertendo molto. Il viaggio è stato molto avventuroso. Prima abbiamo deciso di (1) (noleggiare / comprare) una macchina per una settimana. Dopo solo un'ora abbiamo (2) (fatto / bucato) una gomma. Finalmente siamo ripartiti, ma un vigile urbano ci ha fatto (3) (la multa / benzina) perché andavamo troppo velocemente. A quel punto, abbiamo deciso di lasciare la macchina e siamo andati alla stazione a prendere (4) (un treno / una bicicletta). Nella confusione generale, ci siamo dimenticati di (5) (colpire / convalidare) il biglietto e anche il (6) (meccanico / controllore) ci ha fatto una multa! Infine, ci siamo addormentati tutti e due e non abbiamo visto la nostra (7) (stazione / autostrada). Che disastro! Per fortuna, il resto della vacanza è fantastico. La mia parte preferita sono le gite in (8) (taxi / barca) sul lago. L'anno prossimo devi venire con noi!
Saluti e a presto,
Nicoletta

5 **A te** Complete each sentence with your own preferences according to the cues provided.

1. Un giorno voglio visitare _____.
    _{due paesi all'estero}

2. Quando sono in vacanza, mi piace _____.
    _{tre attività}

3. Per viaggiare, preferisco _____.
    _{tre mezzi di trasporto}

4. Non mi piace viaggiare in _____.
    _{tre mezzi di trasporto}

5. Quest'anno andrò in vacanza dal _____ al _____.
    _{data}   _{data}

6. Questa settimana mi piacerebbe _____.
    _{un'attività}

Unità 8 Workbook Activities

Nome _____ Data _____

STRUTTURE

8A.1 Comparatives of equality

1 **Scegliere** Decide whether each sentence can take **così... come** or **tanto... quanto** or can only take **tanto... quanto**. Then complete each sentence with an appropriate expression.

	Così... come	Tanto... quanto
1. Gerardo è _____ timido _____ Ramona.	○	○
2. Luca mangia _____ mele _____ pesche.	○	○
3. Giuditta cammina _____ velocemente _____ Nina.	○	○
4. Monica ama leggere _____ _____ Pietro.	○	○
5. Fabiola viaggia _____ spesso _____ me.	○	○
6. Oggi ci sono _____ macchine _____ pullman.	○	○
7. Io ho vissuto in _____ appartamenti _____ monolocali.	○	○
8. Voi parlate italiano _____ correttamente _____ loro.	○	○
9. In classe abbiamo _____ studenti _____ studentesse.	○	○
10. Mia cugina vuole _____ pasta _____ pomodori.	○	○

2 **Mezzi di trasporto** Use comparatives of equality with the cues provided to write complete sentences about different means of transportation.

1. treno / essere / in ritardo / pullman

   _____

2. barca / essere / divertente / bicicletta

   _____

3. treno / trasportare / persone / metropolitana

   _____

4. il traffico a luglio / essere / incredibile / il traffico ad agosto

   _____

5. la città / avere / taxi / biciclette

   _____

6. esserci / vigili / motorini

   _____

7. tu / guidare / bene / prudentemente

   _____

8. la scuola / noleggiare / macchine / pullman

   _____

© by Vista Higher Learning. All rights reserved. **Unità 8** Workbook Activities **117**

Nome _____ **Data** _____

3

Due persone Mario and Matteo are good friends who have a lot in common. Use your imagination and comparatives of equality to describe six similarities between them.

> **Modello**
> Mario ha tanti corsi quanti Matteo.

Mario

Matteo

1. _____
2. _____
3. _____
4. _____
5. _____
6. _____

4

Domande Answer each question using a comparative of equality.

> **Modello**
> Quanti libri ha Daniele?
> Daniele <u>ha tanti libri quanti</u> Benedetto.

1. Quante amiche ha Paola?
   Paola _____ Martina.
2. Giovanni ha più (*more*) motorini o biciclette?
   Giovanni _____.
3. Maria ha più scarpe di Elena?
   Maria _____ Elena.
4. Laura canta bene?
   Laura _____ Antonio.

5. Giulia ha dormito tanto ieri?
   Giulia _____ Alessandro.
6. Sai scrivere velocemente al computer?
   Io _____ te.
7. Quanti gelati hai comprato?
   Io _____ Michela.
8. Di solito, bevete acqua o succo di frutta?
   Noi _____.

5

Paragonare Write four sentences, two affirmative and two negative, comparing yourself to your best friend.

> **Modello**
> Io (non) sono tanto creativa quanto Lorenza.

1. _____
2. _____
3. _____
4. _____

118 Unità 8 Workbook Activities

8A.2 Comparatives of inequality

1 Completare Complete each sentence with either **di** or **che**. Remember to use an article or prepositional contraction when necessary.

1. Il pullman è più lento _____ treno.
2. L'aereo è più veloce _____ comodo.
3. Io preferisco guidare _____ aspettare la metropolitana.
4. Preferisco riparare la mia bicicletta _____ noleggiare un motorino.
5. Il traghetto può trasportare più persone _____ barca.
6. È più comodo viaggiare in prima classe _____ in seconda classe.

2 La mia famiglia Compare your family to Tommaso's family using comparatives of inequality.

1. Tommaso ha un fratello. Io ho due fratelli.

2. La nonna di Tommaso ha ottant'anni. Mia nonna ha ottantasei anni.

3. Tommaso è alto 1,69 m. Io sono alto 1,75 m. (*1,69 m = 1 metro e 69 centrimetri*)

4. Tommaso ha i capelli lunghi. Io ho i capelli molto corti.

5. La casa di Tommaso ha sei stanze. La mia casa ha otto stanze.

6. I genitori di Tommaso bevono caffè una volta al giorno. I miei genitori bevono caffè tre volte al giorno.

3 Paragonare Write two sentences comparing the people in each photo using the cues provided.

1. alto   2. sportivo   3. mangiare   4. veloce

1. _____
2. _____
3. _____
4. _____

4 **Completare** Complete each sentence with the correct irregular comparative.

1. Tra i miei fratelli, solo Silvio è _____ (più grande) di me.

2. Non è vero, lei non gioca _____ (più bene) di te!

3. Questa vacanza è davvero _____ (più buona) di quella dell'anno scorso.

4. Hai sorelle _____ (più piccolo)?

5. I bambini di Patrizia sono _____ (più cattivi) dei tuoi bambini.

6. Voi guidate male, ma loro guidano _____ (più male) di voi.

5 **Treno o aereo?** List some advantages (**vantaggi**) and disadvantages (**svantaggi**) of each of the means of transportation depicted. Then, write six complete sentences comparing the two.

Vantaggi	Svantaggi	Vantaggi	Svantaggi
_____	_____	_____	_____
_____	_____	_____	_____
_____	_____	_____	_____
_____	_____	_____	_____

1. _____
2. _____
3. _____
4. _____
5. _____
6. _____

Nome	Data

8A.3 Superlatives

1 **Riscrivere** Rewrite each sentence using a relative superlative.

1. Maria è simpatica.

2. Questo film non è interessante.

3. Il tuo computer è veloce.

4. L'insegnante di scienze politiche è simpatico.

5. Il tuo motorino è bello.

6. La nave è un mezzo di trasporto noioso.

7. Natalia è una studentessa seria.

8. Quel camion è grande.

2 **Frasi a pezzi** Write complete sentences using the cues provided and relative superlatives.

> **Modello**
>
> Ferrari / macchina / bella   La Ferrari è la più bella macchina.

1. autostrada / via / veloce / per arrivare da te

2. traffico / situazione / irritante

3. autista / persona / paziente

4. prima classe / modo / costoso / per viaggiare

5. il limite di velocità / qui / basso / del paese

6. meccanico / persona / utile / alla stazione di servizio

3 **Completare** Complete each sentence with the correct irregular relative superlative. Pay attention to agreement.

1. Questa pasta è molto buona; è _____.

2. Io ho otto anni. Giulio ha dieci anni. Lui è _____.

3. Giovanna parla italiano bene. Lei parla _____.

4. Io sono la sorella maggiore. Caterina, invece, è _____.

5. Questo vino è veramente cattivo; è _____.

6. Noi guidiamo bene, ma Graziano guida male. Lui guida _____.

© by Vista Higher Learning. All rights reserved.   **Unità 8** Workbook Activities   **121**

Nome _____ **Data** _____

4

Piccoli dialoghi Complete each mini dialogue with the correct absolute superlative.

ANNA Sabina, congratulazioni! Sei felice?
SABINA Sì, sono (1) _____!

ANDREA Non voglio più parlare con Silvano, è veramente antipatico!
FLAVIA Sono d'accordo; è (2) _____!

LUCILLA Mamma, questa borsa è nuova?
MAMMA Sì, è (3) _____!

MARTINA Guarda che bel cielo azzurro.
OTTAVIA È (4) _____; è davvero bello.

ISABELLA Queste gite sono faticose (*tiring*).
BARBARA Faticose? Sono (5) _____!

VALENTINA Non ti preoccupare, papà, lo zaino non è pesante.
PAPÀ Secondo me è (6) _____!

5

Lamenti Carla is not happy today. Complete each of her complaints with the correct form of one of the superlatives provided.

> benissimo   massimo
> minimo   ottimo
> malissimo   pessimo

1. No, non mi piacciono le barche! Noleggiarne una è una _____ idea.
2. Non mi piace il caldo e oggi fa molto caldo! La temperatura _____ è 40 gradi e la temperatura _____ è 30 gradi.
3. Non mi piace aspettare l'autobus! Sono stanca e ho il raffreddore, oggi sto _____.
4. Sono più felice e ottimista oggi. Sto _____!

6

A te Write a sentence about a person or thing that you associate with each adjective. Use absolute superlatives and add as much detail as possible.

> **Modello**
>
> curioso: <u>Mia mamma è una persona curiosissima e fa sempre molte domande quando viaggiamo.</u>

1. bianco: _____
2. difficile: _____
3. esagerato: _____
4. interessante: _____
5. pericoloso: _____
6. schifoso: _____
7. veloce: _____

122 **Unità 8** Workbook Activities
© by Vista Higher Learning. All rights reserved.

Nome _____   **Data** _____

Unità 8   ## Lezione 8B

CONTESTI

Workbook

1 **Logico o illogico?** Indicate whether each sentence is **logico** or **illogico**.

	Logico	**Illogico**
1. La nonna arriva alle sette. Ci incontriamo alle partenze alle 6.45?	○	○
2. Non hanno stanze in albergo, sono al completo.	○	○
3. L'aereo parte alle 18.15. Per favore, non essere puntuale!	○	○
4. Non vengo in crociera perché non mi piacciono i treni.	○	○
5. C'è un problema con l'aereo e il volo è in ritardo.	○	○
6. Ho molto da lavorare, quindi (*therefore*) faccio il ponte.	○	○
7. Ho pochi soldi, quindi dormirò in un ostello della gioventù.	○	○
8. Non avevo voglia di andare al ristorante e ho ordinato il servizio in camera.	○	○

2 **All'aeroporto** Complete the dialogue using words from the list. Not all the words will be used.

agente di viaggio	crociera	puntuale
albergo	fila	valigie
bagaglio a mano	pensione	villaggio turistico
controllo passaporti	in prima classe	volo

ELEONORA Ciao, Pamela!

PAMELA Ciao, Eleonora. Cosa fai qui? Vai in vacanza?

ELEONORA Sì! Aspetto il mio (1) _____ per Malta. E tu, dove vai?

PAMELA Io vado negli Stati Uniti. Il mio ufficio mi ha prenotato un viaggio
(2) _____!

ELEONORA Che fortuna! Dove sono le tue (3) _____?

PAMELA Ho solo un (4) _____ perché sto solo quattro giorni. Tu starai
in albergo o da amici?

ELEONORA Io vado una settimana in un (5) _____, sarà divertente!

PAMELA Mi ha fatto piacere vederti. Il mio aereo è (6) _____, quindi
devo andare. Spesso la (7) _____ per il
(8) _____ è molto lunga.

ELEONORA Bene. Buon viaggio!

PAMELA Grazie, anche a te!

3 **Abbinare** Match each term on the left with its opposite on the right.

_____ 1. gli arrivi   a. al completo

_____ 2. posti disponibili   b. la crociera

_____ 3. la settimana bianca   c. decollare

_____ 4. l'andata   d. estero

_____ 5. la classe economica   e. le partenze

_____ 6. atterrare   f. la prima classe

_____ 7. puntuale   g. in ritardo

_____ 8. nazionale   h. il ritorno

© by Vista Higher Learning. All rights reserved.   **Unità 8** Workbook Activities   **123**

Nome _____ **Data** _____

Workbook

4 **Definizioni** Write the term that each definition refers to.

1. È una persona che viaggia sull'aereo. _____

2. È un'autorizzazione che devi avere per abitare all'estero. _____

3. È l'ufficio che controlla le valigie dei passeggeri che arrivano in un paese. _____

4. È un giorno in cui (*in which*) non lavori. _____

5. È l'azione di cancellare una prenotazione. _____

6. La usi per aprire la porta della camera d'albergo. _____

5 **Dove si trova?** Indicate whether each noun refers to something you could find in an airport or not.

	All'aeroporto	Non all'aeroporto
1. i passeggeri	○	○
2. i bagagli a mano	○	○
3. il servizio in camera	○	○
4. la settimana bianca	○	○
5. la carta d'imbarco	○	○
6. gli aerei	○	○
7. la spiaggia	○	○
8. le partenze	○	○

6 **Esperienze personali** For each term below, write a sentence describing a related experience or opinion of yours.

> **Modello**
> il villaggio turistico: **Non sono mai stata in un villaggio turistico./**
> **Sono stata in un villaggio turistico due anni fa.**

1. la settimana bianca: _____

_____

2. il controllo passaporti: _____

_____

3. l'agente di viaggio: _____

_____

4. il posto disponibile: _____

_____

5. l'ascensore: _____

_____

6. abbronzarsi: _____

_____

124 **Unità 8** Workbook Activities   © by Vista Higher Learning. All rights reserved.

Nome _____ **Data** _____

STRUTTURE

8B.1 The present conditional

1 **Completare** Complete each sentence with the correct form of the conditional of the verb in parentheses.

1. Io non _____ (fare) mai la fila all'aeroporto.

2. Loro non _____ (dormire) mai in una pensione.

3. Tu non _____ (chiedere) mai il servizio in camera.

4. Letizia non _____ (viaggiare) mai in classe economica.

5. Voi non _____ (tornare) mai dal viaggio in Europa.

6. Noi non _____ (essere) mai in ritardo.

7. Io non _____ (avere) mai un bagaglio a mano.

8. Tu non _____ (usare) mai l'ascensore in albergo.

2 **Verbi nascosti** Write the correct conditional form of each verb according the subject indicated. Then find each word in the puzzle below.

1. io / pagare _____

2. noi / giocare _____

3. voi / volere _____

4. tu / scrivere _____

5. noi / mangiare _____

6. tu / bere _____

7. loro / viaggiare _____

8. io / sapere _____

9. voi / prenotare _____

10. loro / andare _____

```
P  R  T  O  B  E  R  R  E  S  T  I  N  M  G
P  R  S  D  A  C  V  B  O  U  A  I  A  Q  D
A  R  E  E  D  G  L  C  B  M  V  N  N  O  P
G  R  E  N  I  S  P  E  R  F  G  Z  M  M  G
H  F  S  M  O  C  V  B  O  E  L  M  A  Q  D
E  I  R  E  O  T  V  O  R  R  E  S  T  E  O
R  R  T  O  V  F  E  E  R  R  V  Z  A  M  R
E  F  S  A  O  I  M  R  E  U  R  I  S  Q  E
I  I  N  E  V  M  L  H  E  M  D  U  A  L  B
V  O  T  A  O  S  C  A  C  S  V  A  P  E  B
O  F  V  D  A  O  V  B  O  U  T  I  R  Q  E
L  A  R  E  I  P  O  T  E  V  A  E  E  S  R
L  R  T  G  A  S  P  E  R  F  V  Z  I  M  D
T  F  S  I  T  S  E  R  E  V  I  R  C  S  N
V  I  A  G  G  E  R  E  B  B  E  R  O  R  A
```

© by Vista Higher Learning. All rights reserved. **Unità 8** Workbook Activities **125**

Nome _____ Data _____

3 Voglio, ma non posso
Write complete sentences using the cues provided. Conjugate the first verb in the conditional and the second in the present indicative.

> **Modello**
> (io) / leggere / dovere fare la spesa
> Leggerei, ma devo fare la spesa.

1. (loro) / avere voglia di venire / non potere
   _____
2. (tu) / dovere studiare / andare al cinema
   _____
3. (io) / rimanere con te / dovere andare via
   _____
4. Paolo / stare fino alle cinque / essere stanco
   _____
5. (voi) / comprare il gatto / essere allergico
   _____
6. (loro) / vivere insieme / i genitori / non volere
   _____

4 Cosa farebbero?
Write a complete sentence describing what each person would do if he/she had more time, based on the illustrations.

> **Modello**
> Tu puliresti la tua camera.

1.

2.

3.

4.

5.

1. loro: _____.
2. noi: _____.
3. Alessandro: _____.
4. voi: _____.
5. io: _____.

Nome _____ **Data** _____

8B.2 The past conditional

1 **Riscrivere** Rewrite each sentence using the past conditional.

1. Il tassista farebbe benzina.

   _____

2. Queste macchine avrebbero bisogno di un meccanico.

   _____

3. Noi arriveremmo in orario.

   _____

4. La frizione si romperebbe.

   _____

5. Tu presenteresti i documenti.

   _____

6. Voi viaggereste in prima classe.

   _____

2 **Cosa avrebbero fatto?** Write complete sentences describing what each person would have done yesterday if he/she had had more time.

1. tu e Gioia / giocare a tennis: _____

2. io / andare a piedi: _____

3. io e i miei fratelli / scrivere un cartolina: _____

4. la direttrice dell'ufficio / indossare scarpe comode: _____

5. Carlo / andare al supermercato: _____

6. il cameriere / pulire tutti i cucchiai: _____

7. i miei amici / stare a guardare la partita: _____

8. tu / leggere libri di psicologia: _____

3 **Con più tempo** Now write four sentences describing what you would have done yesterday if you had had more time.

1. _____

2. _____

3. _____

4. _____

© by Vista Higher Learning. All rights reserved.

Unità 8 Workbook Activities   **127**

Nome _____ **Data** _____

4

Coniugare Complete each sentence with the appropriate past conditional form of the verb in parentheses.

1. Io _____ (partire) ieri, ma hanno cancellato il volo.

2. Il mio amico _____ (prenotare) la pensione Lilla, ma era al completo.

3. Tu _____ (portare) il passaporto, ma non lo trovavi.

4. Il taxi ci _____ (lasciare) alle partenze, ma la strada era chiusa.

5. Noi _____ (incontrarci) fuori dall'aeroporto, ma la fila alla dogana era lunghissima.

6. Voi _____ (salire) al quinto piano in ascensore, ma l'ascensore non funzionava.

5

Che cosa ha detto? Rewrite each sentence using indirect discourse.

1. Bartolomeo ha detto: «Non arriverò prima delle 10.30.»

_____

2. Enea e Fiorella hanno detto: «Prenoteremo qui il prossimo viaggio per Roma.»

_____

3. Tu hai detto: «Mi laureerò a maggio e poi farò una crociera!»

_____

4. Voi mi avete detto: «Ci incontreremo alle partenze mezz'ora prima del volo.»

_____

5. Io ho detto: «Farò le valigie dopo cena.»

_____

6. Noi abbiamo detto: «Ordineremo il servizio in camera tutti i giorni!»

_____

6

Non ho potuto! Write complete sentences describing what each person would have done based on the illustrations, and what they did instead. Be creative!

> **Modello**
>
> Sarei andata in palestra, invece sono andata in ufficio.

1. 　　　　2. 　　　　3. 　　　　4.

1. _____

2. _____

3. _____

4. _____

128 **Unità 8** Workbook Activities
© by Vista Higher Learning. All rights reserved.

8B.3 *Dovere, potere,* and *volere* in the conditional

1 Riscrivere First, match each sentence with the correct illustration. Then, rewrite each sentence in the present conditional. Remember that not all verbs need to be changed.

a.   b.   c.   d.

_____ 1. Vuole essere puntuale, quindi va in ufficio in macchina.

_____ 2. Può camminare, ma deve stare attento a non perdere i libri.

_____ 3. Deve mettersi la giacca perché fa freddo.

_____ 4. Vuole aspettare l'autobus, ma non può aspettarlo per molto tempo.

2 Dovrei ma non posso Write complete sentences using the cues provided. Conjugate the first verb in the present conditional, and the second in the present indicative.

Modello

tu / potere / restare / ma / volere / andare via
Tu *potresti restare, ma vuoi andare via.*

1. io / potere / andare in vacanza / ma / dovere / lavorare

2. loro / volere / telefonare / perché / non potere / venire di persona

3. tu / dovere / cancellare il viaggio / ma / volere / aspettare

4. noi / volere / andare in pensione / ma / loro / volere / un ostello della gioventù

5. lui / potere / andare in aereo / ma / volere / andare in treno

6. voi / dovere / telefonare a una stazione di servizio / ma / non potere / usare il cellulare

Nome _____ **Data** _____

3 **Completare** Complete each sentence with the correct form of the past conditional.

1. Da piccolo, io _____ (volere) diventare un professore.

2. Voi _____ (dovere) essere puntuali!

3. Tu _____ (potere) dirmi che non venivi.

4. Loro _____ (dovere) essere già arrivati.

5. Noi _____ (volere) avere una macchina nuova.

4 **Combinare** Combine elements from each column to create six complete sentences in the past conditional. Add other words for more detail.

> **Modello**
> Io avrei voluto essere sempre puntuale.

A	B	C
io	potere	essere puntuale
tu	volere	decollare
Marcello	dovere	prenotare
io e te		convalidare
tu e Sabrina		ricevere una multa
Silvia e Cristiano		bucare una gomma

1. _____

2. _____

3. _____

4. _____

5. _____

6. _____

5 **Cosa avresti dovuto fare?** Complete each sentence describing what each person should have done. Use the past conditional of **volere**, **potere**, or **dovere**.

> **Modello**
> Per prendere l'autobus delle 7.00, io _avrei dovuto uscire alle 6.45_.

1. Per andare in crociera, i miei amici _____.

2. Per stare in un albergo a cinque stelle, la mia famiglia _____.

3. Per non perdere l'aereo, io _____.

4. Per non essere bloccato nel traffico, il mio migliore amico _____.

5. Per non perdere la metropolitana, gli studenti _____.

6. Per essere puntuali, tu e io _____.

130 | **Unità 8** Workbook Activities   © by Vista Higher Learning. All rights reserved.

Unità 8

PANORAMA

Avanti

1 **A Venezia** Use what you learned in **Panorama** to complete these sentences. Use your answers to solve the code and answer the final question.

A	B	C	D	E	F	G	H	I	L	M	N	O	P	Q	R	S	T	U	V	Z
					16	20		6						10					11	26

1. Ci sono circa 40.000 _____ a Venezia.   __ I __ __ I __ __ I __
   1 6 2 2 6 19 13 6

2. Il ponte di _____ attraversa il Canal Grande.   __ __ I __ __ __
   18 6 17 4 15 19

3. L'alta marea può _____ Venezia.   I __ __ __ __ __ __
   6 13 19 13 9 17 18 3

4. Il punto di _____ è conosciuto in tutta Europa.   __ __ __ __ __ __
   12 7 18 17 13 19

5. Il mago Silvan è un _____.   I __ __ I __ __ __ I __ __ __
   6 4 4 7 5 6 19 13 6 5 15 17

6. A Carnevale si portano delle _____ bellissime.   __ __ __ __ __ __ __
   14 17 5 2 8 3 18 3

   Chi è il santo patrono di Venezia?   __ __ __   __ __ __ __ __
   5 17 13   14 17 18 2 19

2 **Parole crociate** Complete each clue, then fill in the crossword puzzle.

Orizzontali
4. Un drammaturgo vissuto nel 1700
5. Piazza San _____
7. La _____ Repubblica di Venezia

Verticali
1. Un fenomeno climatico in autunno o inverno
2. Il ponte dei _____
3. Un famoso compositore veneziano
4. La Peggy _____ Collection
6. Un famoso avventuriero veneziano

Nome _____ **Data** _____

3 **Vero o falso?** Determine whether each statement is **vero** or **falso**. Correct the false statements.

	Vero	**Falso**
1. La città di Burano è famosa per il vetro.	○	○
2. Il Carnevale si svolge dopo la Quaresima.	○	○
3. I piccioni sono una vera attrazione di Piazza San Marco.	○	○
4. Venezia è stata annessa al Regno d'Italia nel XVII secolo (*century*).	○	○
5. Le maschere del Carnevale erano usate in passato per motivi estetici.	○	○
6. La Serenissima Repubblica di Venezia è finita con Napoleone Bonaparte.	○	○

4 **Associare** Match each term on the left with an associated term on the right.

_____ 1. Repubblica di Venezia
_____ 2. Piazza San Marco
_____ 3. Burano
_____ 4. acqua alta
_____ 5. cento isole
_____ 6. Silvan
_____ 7. piccioni
_____ 8. canali

a. passerelle
b. gondole
c. illusionista
d. Carnevale
e. laguna
f. Repubblica Marinara
g. statue
h. Scuola del Merletto

5 **Una cartolina** Write a postcard to a friend in which you describe your recent trip to Venice. Say what you liked and did not like, and what makes Venice unique.

_____

_____

_____

_____

_____

_____

_____

_____

Nome _____   **Data** _____

Unità 9
Lezione 9A

CONTESTI

1 **Lettere mescolate** Unscramble these six lesson vocabulary words to find out where Tina is going on Friday afternoon.

SIOTAOL

ECRAPEAMDII

TONADRO

HECSAI

HOSCOCI

CINSIPA

2 **Completare** Choose the word or expression from the list that best completes each sentence.

cabina telefonica	marciapiede
chiosco	pedoni
fontana	ponte

1. Non camminare sulla strada, cammina sul _____.

2. Per attraversare il fiume, usa il _____.

3. Quando guidi, fai attenzione ai _____ che attraversano la strada.

4. Guarda quanti pesci rossi ci sono nella _____!

5. Compro un giornale e una rivista al _____.

6. Devo telefonare a Giacomo. Dove c'è una _____?

3 **Gli opposti** Match each expression on the left with its opposite on the right.

_____ 1. semaforo verde   a. fermarsi

_____ 2. est   b. orientarsi

_____ 3. perdersi   c. ovest

_____ 4. proseguire   d. scendere

_____ 5. salire   e. semaforo rosso

© by Vista Higher Learning. All rights reserved.   **Unità 9** Workbook Activities   **133**

Workbook

Nome _____ **Data** _____

4 Associare
Read the clues and decide where you would go to do each activity. Use your answers to complete the crossword puzzle.

1. divertirsi con gli amici _____
2. comprare vestiti _____
3. comprare gioielli, scarpe, elettrodomestici e biglietti di compleanno _____
4. andarci la domenica _____
5. nuotare e giocare _____
6. comprare giornali e riviste _____

5 Indicazioni
Complete this dialogue according to the cues given.

ORNELLA Tiziano, come arrivo alla fermata dell'autobus di via Verdi?
TIZIANO Non è (1) _____ (far from) qui. Prosegui sempre (2) _____ (straight) su viale dei Mille, (3) _____ (toward) Piazza della Costituzione. Gira a sinistra in via Tintoretto.
ORNELLA Via Tintoretto è (4) _____ (across from) alla libreria Giacomini, giusto?
TIZIANO Esatto. Poi cammina (5) _____ (until) secondo semaforo e gira di nuovo a sinistra.
ORNELLA Benissimo. E poi?
TIZIANO La fermata dell'autobus è (6) _____ (close to) incrocio, a circa 50 metri.
ORNELLA Ottimo! Grazie mille!
TIZIANO Prego, ciao!

6 Definizioni
Read each statement and write the word or expression that is most closely associated with it. Not all items from the list will be used.

l'angolo	il chiosco delle informazioni	perdersi
il centro commerciale	dare un passaggio	le scale
il chiosco	la panchina	le strisce

1. Come sono stanco! Sediamoci qui un attimo al sole. _____
2. La fermata dell'autobus è laggiù (down there). Scendiamo da questa parte. _____
3. È qui che i pedoni possono attraversare la strada. _____
4. Non sai dove siamo e non conosci la strada per arrivare a casa. _____
5. Non so dov'è il Ponte Vecchio; dobbiamo chiedere a qualcuno (someone). _____
6. Laura non ha una macchina, ma il suo amico Silvio la porta all'università. _____

Nome _____ **Data** _____

STRUTTURE

9A.1 *Si impersonale* and *si passivante*

1 **In città** Write the correct form of the **si impersonale** or the **si passivante** for each verb in parentheses.

1. _____ (andare) al parco e _____ (sedersi) sulla panchina.

2. _____ (arrivare) alla rotonda e _____ (girare) a destra.

3. Quando _____ (vedere) la statua, _____ (orientarsi) meglio.

4. Sul ponte _____ (dovere) guidare più lentamente.

5. In una città che non _____ (conoscere), _____ (perdersi) facilmente.

6. _____ (telefonare) agli amici e _____ (incontrarsi) in centro.

2 **Cosa facciamo?** Choose the verb from the list that best completes each sentence, and fill in the blanks with the correct form of the **si passivante**.

assumere (*to hire*)	costruire	fare
chiamare	dare	salire

1. _____ attenzione all'incrocio.

2. _____ una statua nella piazza principale.

3. _____ i pompieri se c'è un problema.

4. _____ due spazzini per pulire le strade.

5. _____ un passaggio agli amici.

6. _____ le scale per andare al centro commerciale.

3 **Quale dei due?** Determine whether each verb is used in the **si passivante** or the **si impersonale**.

	Si passivante	Si impersonale
1. Non si invitano tante persone alla cena del sindaco.	○	○
2. Si cerca un ristorante italiano in questo quartiere.	○	○
3. Non si dorme molto bene in quell'albergo.	○	○
4. Si prendono i pullman per andare dall'areoporto al centro.	○	○
5. Ci si ricorda di pagare il conto prima di partire.	○	○
6. Si aspetta il semaforo verde per partire.	○	○
7. Ci si incontra alle sei e mezzo.	○	○
8. Si guida lentamente per le strade della città.	○	○
9. Si comprano regali per i compleanni degli amici.	○	○
10. Non si usa il cellulare al cinema.	○	○

© by Vista Higher Learning. All rights reserved. **Unità 9** Workbook Activities **135**

Nome _____ Data _____

4 **Prima e dopo** Look at the illustrations, then complete each sentence logically using the **si impersonale** or the **si passivante**.

Modello
Prima si prepara la cena, poi si mangia con la famiglia.

1. 2. 3. 4. 5.

1. Prima _____ il francese, poi _____ la televisione.
2. Prima _____ i piatti, poi _____ con gli amici.
3. Prima _____, poi _____ una macchina nuova.
4. Prima _____ i panini, poi _____ a lavorare.
5. Prima _____ la spazzatura, poi _____ sul divano.

5 **Cosa si fa?** Look at the illustrations. Then write a complete sentence for each of them using either the **si impersonale** or the **si passivante**.

Maria

Roberto e Stefania

1. _____
2. _____

Gabriella e Lola

Andrea e Martina

3. _____
4. _____

la famiglia Rossi

5. _____

Nome _____ **Data** _____

9A.2 Relative pronouns

1 **Che e chi** Choose **che** or **chi** to complete each sentence correctly.

1. Quel ponte è il ponte _____ hanno costruito due anni fa.

2. Il film _____ ho visto ieri è fatto molto bene.

3. Non so con _____ andiamo in montagna quest'anno.

4. È pericoloso attraversare un incrocio _____ non ha semafori.

5. _____ ha scritto sulla statua?

6. Dimmi _____ ha chiamato il poliziotto.

2 **Una questione di preposizioni** Complete each sentence with **cui** and the correct preposition. Choose from the expressions in the list. One will be used twice.

a cui	con cui	da cui	in cui	per cui

1. Maria, _____ abbiamo telefonato ieri, non può venire.

2. Gli studenti _____ ho studiato in biblioteca sono tutti molto simpatici.

3. Otello, _____ ho dato un biglietto (*card*) di San Valentino, mi piace molto.

4. Tu sei la ragione _____ sono venuto a vivere qui.

5. Il paese _____ ti ho scritto una cartolina è l'Italia.

6. Il ristorante _____ lavoro è molto elegante.

3 **Tre opzioni** Choose the relative pronoun that best completes each sentence.

1. Hai portato la macchina dal meccanico _____ ti ho raccomandato?
   a. che   b. cui   c. chi

2. _____ è assente (*absent*) oggi?
   a. Che   b. Cui   c. Chi

3. Ti piace la bicicletta _____ ti ho regalato per il tuo compleanno?
   a. che   b. cui   c. chi

4. Queste sono le opzioni tra _____ puoi scegliere.
   a. che   b. cui   c. chi

5. Con _____ esci stasera?
   a. che   b. cui   c. chi

6. È una persona di _____ ti puoi fidare.
   a. che   b. cui   c. chi

© by Vista Higher Learning. All rights reserved.

Unità 9 Workbook Activities

Nome _____   **Data** _____

4 **Uno su quattro** Choose the relative pronoun that correctly completes each sentence.

1. Perché non mi racconti (che / chi / cui / quello che) hai sentito?

2. A (che / chi / cui / quello che) possiamo chiedere informazioni?

3. Il chiosco a (che / chi / cui / quello che) di solito compriamo i giornali oggi è chiuso.

4. Non dare un passaggio a persone (che / chi / cui / quello che) non conosci!

5. Io mi perdo sempre e ho bisogno di uscire con persone (che / chi / cui / quello che) si orientano bene.

6. (Che / Chi / Cui / Quello che) ti ha detto di proseguire aveva torto.

7. Non posso credere a (che / chi / cui / quello che) mi ha detto il pompiere.

8. Quella è la statua di (che / chi / cui / quello che) abbiamo letto nella guida turistica.

9. Dov'è il nuovo negozio (che / chi / cui / quello che) hanno aperto nel centro commerciale?

10. (Che / Chi / Cui / Quello che) ha detto che il ponte è chiuso?

5 **Domande** Answer each question with a complete sentence. Use relative pronouns in each response.

> **Modello**
>
> A quale parco sei andato stamattina?
> *Sono andato al parco di cui ti ho parlato ieri.*

1. Quale macchina hai deciso di comprare?

   _____

2. Quale tipo di macchina non ti piace?

   _____

3. Dove hai parcheggiato la macchina?

   _____

4. Chi guida la tua macchina oggi?

   _____

5. Dove sei andato ieri pomeriggio?

   _____

6. Con chi vai in vacanza di solito?

   _____

138 **Unità 9** Workbook Activities   © by Vista Higher Learning. All rights reserved.

Nome

Data

Unità 9

Lezione 9B

CONTESTI

Workbook

1 **Associare** Match each word on the left with a related concept on the right. Then find the words from the second column in the puzzle. Not all words will be used.

_____ 1. busta
_____ 2. monete
_____ 3. ritirare
_____ 4. computer
_____ 5. edicola
_____ 6. orologi

a. assegno
b. banconote
c. comune
d. depositare
e. francobollo
f. fiorista
g. Internet café
h. riviste
i. gioielleria

```
A F N G N X H O R E J I
E I J J I I A F T N N E
V M R H G E F O Y T X R
H P W E F O N N E F E A
G E E O L O G R D Y S T
S S I O C L N O M J N I
N E S N H E E Z T K I S
V Q A V T Y N I K D I O
P B P C P G G S O L O P
E P A W F V C H M I S E
T F R I V I S T E W G D
E O L L O B O C N A R F
```

2 **Dove vai?** Read each of the things that Tamara and her friends need to do. Then write a sentence telling them the name of the store or place where they should go.

1. Io voglio comprare dei fiori. _____

2. Mi serve una copia del mio certificato di nascita (*birth certificate*). _____

3. Dobbiamo comprare un rossetto. _____

4. La mamma vuole una fotografia di famiglia. _____

5. Devo lavare dei vestiti. _____

6. Vogliamo affittare un film da guardare stasera. _____

3 **Cosa faccio?** Matteo has to run an errand this afternoon. Unscramble the tiles and put them in the correct order to reveal what it is. Clue: there are nine words in the puzzle.

| BAN | TO | C | ALLA | ER | A | PRIR | DEVO |
| CON | NTE | . E | UN | CA | P | AND | ORRE |
| ARE |

© by Vista Higher Learning. All rights reserved.

Unità 9 Workbook Activities **139**

Nome _____ **Data** _____

4 Logico o illogico?
Read these statements and indicate whether each one is **logico** or **illogico**.

	Logico	Illogico
1. Ieri ho imbucato una lettera all'edicola.	○	○
2. Vado all'Internet café a comprare un computer.	○	○
3. Vado in gioielleria e pago con carta di credito.	○	○
4. Compro delle riviste al salone di bellezza.	○	○
5. Prendo soldi alla cassa automatica.	○	○
6. Compro carta da lettere alla banca.	○	○
7. Vado in cartoleria a comprare delle penne.	○	○
8. Mi servono dei francobolli per le cartoline.	○	○

5 Dove lavoro?
Write the name of the place where these people work.

1. Sono un gioielliere. Lavoro in _____.
2. Sono un giornalaio. Lavoro in _____.
3. Sono un parrucchiere. Lavoro in un _____.
4. Sono un postino. Lavoro all' _____.
5. Sono un cartolaio. Lavoro in _____.
6. Sono una poliziotta. Lavoro in _____.

6 Cose da fare e cose fatte
What are these people doing today? What did they do yesterday? Look at the illustrations and write a complete sentence about each image using the lesson vocabulary.

1. _____
2. _____
3. _____
4. _____
5. _____

STRUTTURE

9B.1 Indefinite words

1 **Quale aggettivo?** Choose the correct adjective to complete each sentence. Then write the word in the space provided, making any necessary changes.

1. _____ (quanto / tutto) lettere hai scritto oggi?
2. _____ (ogni / qualche) studente deve fare un esame finale.
3. Ho comprato _____ (quanto / alcuni) riviste in edicola stamattina.
4. _____ (troppo / tutto) i miei amici vanno in vacanza a luglio, ma io devo lavorare.
5. Mi puoi prestare _____ (qualche / quanto) francobollo?
6. C'è _____ (troppo / altro) gente all'ufficio postale il lunedì mattina.
7. Ci sono _____ (quanto / poco) negozi in questo centro commerciale.
8. Ci sono _____ (altro / qualche) saloni di bellezza in questo quartiere?

2 **Cosa fanno?** Look at the illustrations, then use the cues to write complete sentences about them.

molto pane
1. _____

pochi studenti
2. _____

troppi biscotti
3. _____

alcune volte
4. _____

3 **Frasi incomplete** Complete each sentence with the correct indefinite pronoun.

1. _____ (*Everyone*) ha portato il suo pranzo.
2. _____ (*Few*) si sono presentati per il colloquio di lavoro.
3. _____ (*Someone*) ha visto il mio cellulare?
4. _____ (*Everyone*) hanno risposto alla mia e-mail.
5. Avete finito il caffè. Volete _____ (*anything else*)?
6. C'è _____ (*something*) che non mi piace in Stefano.

4 Frasi a pezzi Use the cues provided to write complete sentences. Pay attention to agreement.

1. tu / comprare / troppo / caramelle (*sweets*)

2. ogni / persona / avere / un conto corrente

3. noi / ricevere / troppo / posta

4. io / ritirare / qualche / banconota / alla cassa automatica

5. per il suo compleanno / Geltrude / ricevere / tanto / contanti

6. loro / dovere / scrivere / altro / quattro / cartoline

5 Chi fa che cosa? Look at the illustrations and write one sentence about each image, using at least one indefinite word. Use a different indefinite word in each sentence.

1.

2.

3.

4.

5.

6.

1.
2.
3.
4.
5.
6.

142 Unità 9 Workbook Activities

Nome _____ **Data** _____

9B.2 Negative expressions

1 **Opposti** Write the negative word or expression that corresponds to each item.

1. sempre _____
2. ancora _____
3. qualcuno _____
4. qualcosa _____
5. anche _____
6. tutto _____

2 **Alla posta** You are waiting in line at the post office, but the clerk is in a bad mood today and keeps answering everyone in the negative. Read his answers and write an appropriate question for each one. Use indefinite expressions whenever possible.

1. _____

   No, non c'è nessuna cassa automatica che funzioni oggi.

2. _____

   No, non ho nessun altro francobollo di questo tipo.

3. _____

   No, questo pacco non arriverà mai in due giorni.

4. _____

   No, non accettiamo più banconote da 50 euro.

5. _____

   No, non vendiamo nessuna busta qui.

6. _____

   No, non ho nient'altro da fare questo pomeriggio.

3 **Un lavoro difficile** Your friend is telling you about her new job. Complete each sentence with the most appropriate negative word or expression from the list.

affatto	neanche
ancora	nessuno
mai	niente
né... né	più

1. Non mi piacciono _____ l'ufficio _____ il salario.

2. I colleghi sono antipatici, non mi piace _____.

3. Pensa che non ho _____ un'ora per pranzare.

4. Non ho _____ la possibilità di prendere l'iniziativa e fare quello che voglio.

5. Non ho _____ una stampante tutta mia.

6. Ho parlato con il mio capo una settimana fa, ma lui non mi ha _____ detto se avrò una promozione.

7. La mattina è piena di cose da fare, ma il pomeriggio non ho _____ da fare.

8. Questo lavoro non è _____ divertente!

© by Vista Higher Learning. All rights reserved.

Unità 9 Workbook Activities **143**

Nome _____   **Data** _____

4 **Positivo e negativo** You and your little brother are talking about errands the two of you ran this morning, but you don't seem to agree about what happened. Make each of your brother's sentences negative to give your opinion.

1. Abbiamo trovato tutti i regali che cercavamo.

   _____

2. Ci restano molti soldi dopo aver fatto spese.

   _____

3. Abbiamo parlato a tutti i nostri amici.

   _____

4. C'era tanta gente nei negozi.

   _____

5. Andremo ancora alla pizzeria in centro.

   _____

5 **Un colloquio di lavoro** An upscale spa is looking for a business manager, but is having trouble finding a qualified candidate. Use negative words and expressions to write out the unqualified candidate's answers to the interview questions.

1. Hai un diploma in economia?

   _____

2. Hai già lavorato in un salone di bellezza?

   _____

3. Hai mai fatto del volontariato?

   _____

4. Sei disponibile a lavorare il fine settimana?

   _____

5. Lavori ancora all'estero?

   _____

6. Conosci qualcuno che lavora con noi?

   _____

7. Hai imparato a usare il computer?

   _____

8. C'è altro che vuoi dirmi di te?

   _____

144 **Unità 9** Workbook Activities

© by Vista Higher Learning. All rights reserved.

Nome _____ **Data** _____

Unità 9

PANORAMA

Avanti

Workbook

1 **Associare** Match each clue with one of the numbers listed.

13	1900	9.694
1181	1974	5.561.017

_____ 1. Le grotte di Frasassi sono state aperte al pubblico in quest'anno.

_____ 2. È la lunghezza in chilometri delle grotte di Frasassi.

_____ 3. L'attrice Anna Magnani è vissuta in questo secolo.

_____ 4. È la popolazione del Lazio.

_____ 5. È la superficie delle Marche in chilometri quadrati.

_____ 6. È l'anno di nascita di San Francesco d'Assisi.

2 **Vero o falso?** Indicate whether each statement is **vero** or **falso**. Correct the false statements.

	Vero	Falso
1. Raffaello Sanzio era un filosofo della non violenza.	○	○
2. La basilica di San Francesco è a Perugia.	○	○
3. Le grotte di Frasassi sono nel Lazio.	○	○
4. Vittorio De Sica era attore e regista.	○	○
5. Perugia, Terni e Foligno sono città delle Marche.	○	○
6. Maria Montessori era attrice e modella.	○	○
7. Nelle grotte di Frasassi ci sono stalagmiti alte e pozzi profondi.	○	○
8. La capitale d'Italia è nel Lazio.	○	○

3 **Completare** Complete these sentences using the information you learned in **Panorama**.

1. Nelle grotte di Frasassi, la _____ è così grande che può contenere il Duomo di Milano.

2. Ci sono bagni termali nella città di _____.

3. Oltre a (*Besides*) Roma, altre grandi città del Lazio sono _____.

4. _____ è un motociclista marchigiano.

5. «Obelisco» è il nome di una _____.

6. In termini di superficie, la regione più piccola dell'Italia centrale è _____.

© by Vista Higher Learning. All rights reserved.

Unità 9 Workbook Activities   **145**

Nome _____ **Data** _____

4 **Tre opzioni** Circle the option most closely related to each statement.

1. Si svolge a Perugia a ottobre.
   a. spettacoli di tauromachia   b. l'Euro Chocolate Festival   c. produzione di ceramiche

2. Ne sono ricche le città di Tarquinia e Cerveteri.
   a. chiese   b. templi   c. necropoli

3. È il dolce di Perugia per eccellenza.
   a. i Biscotti Perugini   b. il Bacio Perugina   c. la Crostata Perugina

4. Deruta è famosa per questo.
   a. la produzione di ceramiche   b. la produzione di cioccolata   c. la produzione di spettacoli teatrali

5. È un'arena dedicata alla danza e alla musica.
   a. la necropoli etrusca   b. la basilica di San Francesco d'Assisi   c. lo Sferisterio di Macerata

6. Ci hanno partecipato gli artisti più grandi nel campo della danza e della musica.
   a. Musicultura Festival   b. produzione di maioliche   c. gioco del pallone col bracciale

5 **Definizioni** Read these definitions and use the cues provided to complete the hidden words.

1. È un prodotto tipico in ceramica.
   P __ A __ __ O
2. È un famoso soprano spagnolo.
   __ A __ A __ L __
3. Sono le tombe di un popolo molto antico.
   __ E __ R __ P __ __ I
4. Gli ingredienti principali del Bacio Perugina sono cioccolato e…
   __ O __ __ I __ L E
5. È un colore tipico della ceramica di Deruta.
   __ A __ G __ __ E __ E
6. Lo Sferisterio è stato costruito in questo secolo.
   __ __ __ __ C __ N T __

6 **Domande** Answer these questions in complete sentences using the information you learned in **Panorama**.

1. Quando sono vissuti gli Etruschi?

   _____

2. Che cosa risale (*dates back to*) agli Etruschi, oltre alle necropoli?

   _____

3. Quanto dura l'Euro Chocolate Festival?

   _____

4. Quando è diventato un teatro di opera lirica lo Sferisterio di Macerata?

   _____

5. Dove sono vissuti principalmente gli Etruschi?

   _____

146 **Unità 9** Workbook Activities   © by Vista Higher Learning. All rights reserved.

Unità 10 — Lezione 10A

CONTESTI

1 Trova l'intruso Circle the expression that doesn't belong in each group.

1. suonare la batteria, suonare la chitarra, fare musica, interpretare una parte
2. un biglietto, un posto, la fine, uno spettacolo
3. una commedia, un concerto, un pianista, un'orchestra
4. una rappresentazione dal vivo, una ballerina, una tragedia, il debutto
5. un personaggio, una poltrona, un violinista, un drammaturgo
6. una canzone, un coro, un cantante, un regista
7. un flauto, una tragedia, una commedia, un balletto
8. un drammaturgo, uno spettatore, un regista, una proiezione

2 Mettere etichette Label each illustration with an appropriate lesson vocabulary word.

1. _____

2. _____

3. _____

4. _____

3 Definizioni Write the word that matches each definition in the space provided.

1. È una pausa durante una rappresentazione o un concerto. _____
2. È la persona che scrive un'opera teatrale. _____
3. È un gruppo di persone che canta. _____
4. È dove ci si siede in un teatro. _____
5. È un tipo di spettacolo drammatico. _____
6. È una persona che assiste (*attends*) a un balletto o a una commedia. _____
7. È quello che si fa alla fine di un concerto. _____
8. È il personaggio più importante di una rappresentazione. _____

Nome _____   **Data** _____

4 **Nomi nascosti** Find the twelve words listed below in the word search. Words can appear backwards or forwards, vertically, horizontally, or diagonally.

applauso	clarinetto	orchestra	spettatore
cantante	coro	poltrona	tragedia
cinema	intervallo	proiezione	violinista

```
E W A D A U S O O C P A C O R
S N B M A M E D L Y T O A E S
T T O Y A Q E A P S Q F N H Q
W Y H I J P R N I W P K T J V
T L R X Z I P N I O T X A D E
C P N H N E I L L C G S N T R
A U U E H L I T A A E T T K O
B J T Q O S R O S U X O E Y T
H T J I V O M W R L S R J V A
O J V U N H Q P J P Y O W L T
O L L A V R E T N I G C J N T
X W S F V I V M N H F X U T E
A I D E G A R T A Z I K R O P
B X I H Z U U T G G T B I M S
A O R C H E S T R A R O A H O
```

5 **Un'e-mail** Complete this e-mail from your Italian pen-pal by filling in each blank with an appropriate vocabulary word.

Ieri sono andato con la mia ragazza a (1) _____ a vedere una commedia. Il regista ha

messo (2) _____ uno spettacolo ottimo. Sfortunatamente, le (3) _____ su

cui ci siamo seduti non erano molto comode! La commedia era divisa in due parti. Il primo

(4) _____ è durato un'ora e mezzo e il secondo un'ora. Durante (5) _____

siamo andati a bere un caffè. Tutti gli attori erano molto bravi. Il (6) _____

era interpretato da un attore molto famoso che recitava il (7) _____ di un

(8) _____ rock. Con il suo gruppo era (9) _____ in Europa dove ha avuto

molte avventure comiche. Alla fine della rappresentazione, (10) _____ ha applaudito

per quasi cinque minuti. Ci siamo divertiti molto e ti consiglio di andare a teatro quando questo

spettacolo sarà in tour negli Stati Uniti.

148 **Unità 10** Workbook Activities   © by Vista Higher Learning. All rights reserved.

Nome _____ **Data** _____

STRUTTURE

10A.1 Infinitive constructions

1 **Completare** Decide whether each verb used should be followed by **a, di**, or no preposition before an infinitive. If a preposition is required, write it in the space provided.

1. Amo _____ sciare in inverno.

2. Vuoi _____ andare al mare o in montagna?

3. Non sapevo _____ dover venire da te stasera.

4. Comincia _____ far freddo la sera!

5. Ci siamo divertiti molto _____ giocare con loro.

6. Hai deciso _____ invitare i tuoi cugini di Chicago al nostro matrimonio?

7. Ti consiglio _____ andare a teatro a vedere quella commedia.

8. Ho imparato _____ suonare la chitarra quando ero all'università.

9. Cerca _____ rilassarti!

10. Mi hanno invitato _____ suonare un assolo nel concerto di fine anno della scuola.

2 **Creare** Write complete sentences using the cues provided and the verbs **fare** and **lasciare**. Use each verb three times.

Modello

mio fratello / suonare la sua chitarra / a me
Mio fratello mi lascia suonare/fa suonare la sua chitarra.

1. i miei genitori / iscrivere alla facoltà di medicina / a me

_____

2. Giuseppe / portare i tuoi amici al concerto / a te

_____

3. la sua mamma / cucinare piatti vegetariani / a lei

_____

4. perché tu non / preparare questo dolce? / a me

_____

5. suo padre / usare il suo computer / a lui

_____

6. i professori non / usare i cellulari in classe / a noi

_____

© by Vista Higher Learning. All rights reserved. **Unità 10** Workbook Activities **149**

Nome _____ Data _____

3 Cosa fanno?
Use verbs from the word bank in two-verb constructions to say what each person or group is doing or thinking.

Modello
Paola e Giorgio <u>cominciano a preparare la cena per gli amici</u>.

| aiutare | decidere | provare | smettere |
| cominciare | lamentarsi | riuscire | sperare |

 1.    2.   3.    4.   5.

1. Io _____.
2. Luciano _____.
3. Tu _____.
4. Il sig. Bianchi _____.
5. Sergio e Fabio _____.

4 Creare la domanda
Provide an appropriate question for each answer. Be creative and use verbs followed by an infinitive or a preposition and an infinitive.

Modello
<u>Mi insegni a suonare la chitarra?</u> Sì, quando ho tempo.

1. _____
   No, preferisco la batteria.
2. _____
   Sì, mi diverto molto.
3. _____
   Comincio lunedì prossimo.
4. _____
   No, non voglio.
5. _____
   Sì, ho già provato.
6. _____
   No, me ne sono dimenticata!

5 A te
Use verbs from the list to write five sentences about yourself.

| non andare | imparare | piacere | non sapere |
| dimenticarsi | permettersi | prepararsi | sognare |

1. _____
2. _____
3. _____
4. _____
5. _____

150   Unità 10 Workbook Activities   © by Vista Higher Learning. All rights reserved.

Nome _____   Data _____

10A.2 Non-standard noun forms

1 **Singolare o plurale?** Indicate whether each noun is **singolare** or **plurale**.

	Singolare	Plurale
1. problemi	○	○
2. ginocchia	○	○
3. paio	○	○
4. regista	○	○
5. drammi	○	○
6. musiciste	○	○
7. aroma	○	○
8. lenzuola	○	○
9. mura	○	○
10. chitarristi	○	○

2 **Parole crociate** Give the plural form of each noun, then place the plural nouns in the crossword puzzle.

a. labbro _____

b. poema _____

c. schema _____

d. muro _____

e. sopracciglio _____

f. trauma _____

g. lenzuolo _____

h. clima _____

3 **Abbinare** Match each noun on the left with a logically related adjective on the right. Some words may have more than one possible match.

_____ 1. braccia   a. antiche
_____ 2. ciglia   b. bravi
_____ 3. lenzuola   c. famosi
_____ 4. mura   d. forti
_____ 5. musicisti   e. saporite
_____ 6. registi   f. lunghe
_____ 7. uova   g. pulite

© by Vista Higher Learning. All rights reserved.   **Unità 10** Workbook Activities   **151**

Nome _____ **Data** _____

4 **Parti del corpo** Complete each sentence with a word from the lesson.

1. Le _____ della mia mano sono lunghe.

2. Ieri ho corso molto e oggi mi fa male il _____.

3. Mi metto il rossetto sulle _____.

4. Stamattina ho nuotato per due ore e ora mi fanno male le _____.

5. Ho un _____ nell'occhio!

6. La musica era molto alta e adesso ho problemi alle _____!

5 **Trasformare** Rewrite each sentence, making the underlined words plural. Remember to make any additional changes that are necessary for agreement.

1. C'è il solito <u>problema</u> di connessione Internet.

   _____

2. Abbiamo visitato l'Italia e abbiamo visto il bellissimo <u>panorama</u> di cui ci hai parlato.

   _____

3. Quel <u>regista</u> ha fatto il film sul periodo del fascismo che abbiamo visto a lezione.

   _____

4. Il <u>tema</u> dato all'esame era sulla poesia del Novecento.

   _____

5. La <u>violinista</u> di quell'orchestra ha un <u>problema</u> con il direttore.

   _____

6. <u>L'orecchio</u> del <u>musicista</u> è molto fine.

   _____

7. Dopo aver mangiato <u>l'uovo</u>, ho <u>la mano</u> sporca.

   _____

8. Cambio <u>il lenzuolo</u> una volta alla settimana.

   _____

9. Conosci quelle persone? Lui è <u>regista</u> e lei è <u>dentista</u>.

   _____

10. <u>L'aroma</u> di questo piatto è molto forte.

    _____

152 **Unità 10** Workbook Activities © by Vista Higher Learning. All rights reserved.

Nome _____   **Data** _____

Unità 10

Lezione 10B

CONTESTI

1 **Associare** Match each noun on the left with the logically associated word or expression on the right.

_____ 1. editoria   a. mostra

_____ 2. scultore   b. film

_____ 3. galleria d'arte   c. opera d'arte

_____ 4. quadro   d. paesaggio

_____ 5. radio   e. racconto

_____ 6. ritratto   f. scultura

_____ 7. romanzo   g. stampa

_____ 8. trama   h. televisione

2 **Che cos'è?** Circle the term that each definition refers to.

1. È quello che succede in un film.
   - a. trama
   - b. stampa
   - c. collezione
2. È il posto in cui le persone vanno a vedere un film.
   - a. paesaggio
   - b. mostra
   - c. cinema
3. Si raccontano ai bambini per farli addormentare.
   - a. favole
   - b. quadri
   - c. televisione
4. È una persona che scrive poesie.
   - a. scultore
   - b. poeta
   - c. pittore
5. È il luogo in cui si possono ammirare tanti quadri.
   - a. galleria d'arte
   - b. cinema
   - c. documentario
6. È un quadro in cui il pittore ha dipinto una persona.
   - a. poesia
   - b. scultura
   - c. ritratto

3 **Piccoli dialoghi** Complete each mini dialogue with an appropriate word from the lesson vocabulary.

GINA Vuoi andare a vedere un (1) _____?

PIERO No, quel tipo di film mi fa paura!

ANNA Qual è la tua (2) _____ preferita?

ROSSELLA È *Cenerentola* (Cinderella).

STEFANO Sei andata a vedere le (3) _____ di quell'artista francese?

PAOLA Sì, e mi sono piaciute moltissimo.

TERESA Hai pubblicato il tuo ultimo racconto?

ANDREA No, l' (4) _____ è in crisi e nessuno vuole pubblicare libri nuovi.

LAURA Ieri sono andata al cinema a vedere un (5) _____.

GIULIA Mi piace questo tipo di film perché di solito dura solo 20 minuti circa.

ANTONIO Preferisci dipingere (6) _____ o ritratti?

OTTAVIO Preferisco i (7) _____, mi piace molto osservare la natura.

© by Vista Higher Learning. All rights reserved.

Unità 10 Workbook Activities   **153**

Nome _____ **Data** _____

4 **Associazioni di idee** Use the adjectives listed and others of your choice to give your opinion of each of the genres listed.

antico	divertente	interessante
artistico	drammatico	moderno
commovente	innovativo	noioso
contemporaneo	inquietante	pauroso

1. documentari: _____

2. film di fantascienza: _____

3. romanzi: _____

4. sculture: _____

5. ritratti: _____

6. quadri: _____

7. film dell'orrore: _____

8. cortometraggi: _____

9. radio: _____

10. cinema: _____

5 **Il tuo film preferito** Write a short paragraph about what type of movies you prefer. What genres do you like? What's your favorite movie?

_____

_____

_____

_____

_____

_____

_____

_____

_____

_____

_____

_____

Nome _____   Data _____

STRUTTURE

10B.1 The gerund and progressive tenses

1 **Una chat su Internet** Complete the IM conversation between Gigliola and Carlo with the correct **gerundio** form of each verb in parentheses.

GIGLIOLA Ti stai (1) _____ (collegare) con me?

CARLO Sì, e sto (2) _____ (chiudere) altri programmi.

GIGLIOLA Cosa stavi (3) _____ (fare) prima?

CARLO Stavo (4) _____ (iniziare) una lettera ai miei genitori, e tu?

GIGLIOLA Io stavo (5) _____ (cucinare) una crostata.

CARLO La stavi (6) _____ (preparare) per la cena di stasera?

GIGLIOLA Sì. Perché stavi (7) _____ (scrivere) ai tuoi genitori?

CARLO Perché li sto (8) _____ (aspettare) la prossima settimana e stavo (9) _____ (dire) loro di venire in aereo.

GIGLIOLA Stavo (10) _____ (pensare) di invitare te e i tuoi genitori a cena da me.

CARLO Benissimo, ci vediamo!

2 **Trasformare** Rewrite each sentence using the present or past progressive, as appropriate.

1. Gloria e Tommaso leggono un libro di storia.

_____

2. No, non bevo Coca-Cola, bevo succo di mela.

_____

3. Il regista diceva agli attori cosa fare.

_____

4. Il poeta recitava la sua poesia.

_____

5. I ragazzi guardavano i film di fantascienza.

_____

6. La televisione trasmetteva le ultime notizie.

_____

3 **Cosa stanno facendo?** Write complete sentences using the cues provided. Use the present progressive for the first two sentences and the past progressive for the last two.

1. noi / osservare / una scultura

_____

2. tu / ascoltare / la radio

_____

3. il signor Crevetti / comprare / l'intera collezione

_____

4. le persone / organizzare / una mostra

_____

© by Vista Higher Learning. All rights reserved.   **Unità 10** Workbook Activities   **155**

Nome _____ Data _____

4 Descrivere Describe what is happening in each illustration using the present progressive of one of the verbs listed.

> **Modello**
> La ragazza sta salendo sull'autobus per andare a scuola.

bere	fare	insegnare	prepararsi
correre	giocare	lavare	sposarsi

1.
2.
3.
4.
5.
6.
7.
8.

1. _____
2. _____
3. _____
4. _____
5. _____
6. _____
7. _____
8. _____

5 Completare Use verbs from the list in the past progressive to complete each sentence.

> **Modello**
> annoiarsi: Io <u>non mi stavo annoiando</u> in classe.

applaudire	divertirsi	fare la spesa	mangiare	rilassarsi
aspettare	dormire	lavorare	nuotare	scrivere

1. Io _____ a casa.
2. I miei cugini _____ in piscina.
3. Rossella _____ in ufficio.
4. Tu e Patrizio _____ al ristorante.
5. Tu e io _____ al cinema.
6. Gianni e Teresa _____ a teatro.
7. I pazienti _____ il dottore.
8. Lei _____ al salone di bellezza.
9. Io _____ al supermercato.
10. Giovanna _____ un racconto.

Nome _____ **Data** _____

10B.2 Ordinal numbers and suffixes

1 **Numeri e parole** Write out the ordinal number used in each sentence.

1. Qual è il 10° libro che hai letto? _____

2. È il tuo 15° gelato questa settimana, ora basta! _____

3. Sei il 17° studente che mi fa questa domanda! _____

4. Luciano è il 42° cliente stamattina. _____

5. Su 300 persone, è arrivata 100ª. _____

6. Questo è il 500° taxi che ho visto a New York! _____

7. _Un'estate a Roma_ è il 750° libro pubblicato da loro. _____

8. Il professor Giorgi è il 1000° professore assunto da questa università. _____

2 **Il dormitorio** These ten students live in a ten-story dorm. Read the cues to determine each student's floor, then write out the ordinal number in the space provided.

1. Giovanni abita al 5° piano. _____

2. Andrea abita due piani sotto Giovanni. _____

3. Luisa abita un piano sopra Giovanni. _____

4. Giorgio abita quattro piani sopra Andrea. _____

5. Cristina abita sei piani sotto Giorgio. _____

6. Simone abita un piano sotto Andrea. _____

7. Ilaria abita tre piani sopra Giorgio. _____

8. Tommaso abita due piani sotto Ilaria. _____

9. Giovanna abita sei piani sotto Ilaria. _____

10. Sabina abita tre piani sopra Luisa. _____

3 **Quando sono vissuti?** Spell out the century (**secolo**) in which each of these famous Italians lived.

1. papa Gregorio VII (1020–1085) _____

2. Guido I da Montefeltro (1223–1298) _____

3. Francesco Petrarca (1304–1374) _____

4. Girolamo Savonarola (1452–1498) _____

5. Francesco dal Ponte (1549–1592) _____

6. Evangelista Torricelli (1608–1647) _____

7. Vittorio Emanuele II di Savoia (1820–1878) _____

8. Aldo Moro (1916–1978) _____

© by Vista Higher Learning. All rights reserved.   **Unità 10** Workbook Activities   **157**

Nome _____   **Data** _____

4 Anniversari
Which anniversary of the birth of each of these famous Italians will be celebrated in the year 2020? Write the ordinal number in the space provided.

Modello

Raffaello è nato nel 1483. Nel 2020 sarà il suo *cinquecentotrentasettesimo* anniversario.

1. Dante Alighieri è nato nel 1265. Nel 2020 sarà il suo _____ anniversario.

2. Leonardo da Vinci è nato nel 1452. Nel 2020 sarà il suo _____ anniversario.

3. Alessandro Manzoni è nato nel 1785. Nel 2020 sarà il suo _____ anniversario.

4. Domenico Modugno è nato nel 1928. Nel 2020 sarà il suo _____ anniversario.

5. Benito Mussolini è nato nel 1883. Nel 2020 sarà il suo _____ anniversario.

6. Giacomo Leopardi è nato nel 1798. Nel 2020 sarà il suo _____ anniversario.

7. Cosimo de' Medici è nato nel 1389. Nel 2020 sarà il suo _____ anniversario.

8. Giovanni Verga è nato nel 1840. Nel 2020 sarà il suo _____ anniversario.

5 Abbinare
Match each term on the left with its opposite on the right.

_____ 1. letterona   a. bel tempo

_____ 2. minestrone   b. borsaccia

_____ 3. tempaccio   c. bruttino

_____ 4. giornataccia   d. giornatina

_____ 5. piccolino   e. grandino

_____ 6. bellino   f. letterina

_____ 7. manina   g. manona

_____ 8. borsetta   h. minestrina

6 Completare
Complete each sentence using a word with a suffix.

1. Eleonora ha un piccolo naso. Eleonora ha un _____.

2. Paolo parla continuamente. Paolo è un _____.

3. Lei ha due mani piccole. Lei ha due _____.

4. Quel bambino ha una bocca carina e piccola. Quel bambino ha una _____.

5. Oggi ha piovuto tutto il giorno. Oggi è stata una _____.

6. La mamma ha fatto una minestra con tante verdure. La mamma ha fatto un _____.

7. L'amico di Giorgio è proprio un ragazzo maleducato (*rude*). L'amico di Giorgio è proprio un _____.

8. Anna ha scritto una lunga lettera ai suoi genitori. Anna ha scritto una _____.

158 | **Unità 10** Workbook Activities   © by Vista Higher Learning. All rights reserved.

Nome	Data

Unità 10

PANORAMA

Avanti

1 Professioni Indicate each person's profession.

1. Oriana Fallaci era giornalista o cantante? _____
2. Amerigo Vespucci era musicista o navigatore? _____
3. Sandro Botticelli era scultore o pittore? _____
4. Guccio Gucci era stilista o regista? _____
5. Caterina de' Medici era poetessa o regina? _____
6. Eugenia Mantelli era cantante d'opera o violinista? _____

2 A Firenze Indicate whether or not each sight can be found in Florence.

	Sì	No
1. Palazzo Vecchio	○	○
2. La basilica di San Pietro	○	○
3. Il Palazzo del Comune	○	○
4. La Galleria degli Uffizi	○	○
5. La Mole Antonelliana	○	○
6. La basilica di Santa Maria Novella	○	○
7. La Galleria dell'Accademia	○	○
8. Palazzo Ducale	○	○

3 Artisti Match each artist with his work.

_____ 1. Filippo Brunelleschi   a. Cupola del Duomo
_____ 2. Donatello   b. *David*
_____ 3. Lorenzo Ghiberti   c. *David*
_____ 4. Leonardo da Vinci   d. *Gioconda* (Mona Lisa)
_____ 5. Michelangelo Buonarotti   e. *Porta del Paradiso*

Nome _____   **Data** _____

4

Vero o falso? Indicate whether each statement is **vero** or **falso**. Correct the false statements.

	Vero	**Falso**
1. Il fiume (*river*) che scorre a Firenze è l'Arno.	○	○
2. La cupola del Duomo di Firenze è un esempio tipico di arte moderna.	○	○
3. Oriana Fallaci è una scrittrice vissuta nel 1800.	○	○
4. Firenze è considerata la culla del Rinascimento.	○	○
5. Sulla *Porta del Paradiso* sono rappresentate scene del Nuovo Testamento.	○	○
6. La carta marmorizzata è tipica dell'artigianato fiorentino.	○	○
7. La famiglia Medici ha governato nel XX secolo.	○	○
8. Molti Medici sono sepolti nel Duomo di Firenze.	○	○
9. L'alluvione del 1333 ha completamente distrutto Ponte Vecchio.	○	○
10. Sul Ponte Vecchio ci sono negozi di vestiti.	○	○

5

La guida turistica Provide the question that could have prompted each response from your tour guide.

1. _____

   No, all'inizio le botteghe del Ponte Vecchio erano soprattutto macellerie.

2. _____

   Il Corridoio Vasariano è stato costruito nel 1565.

3. _____

   Sono Michelangelo, Leonardo, Raffaello e Botticelli.

4. _____

   Ci sono dieci scene.

5. _____

   È alta 91 metri.

6. _____

   La famiglia dei Medici.

7. _____

   È il fiume Arno.

8. _____

   È arrivata in Europa nel '500.

160 | **Unità 10** Workbook Activities

Nome _____ **Data** _____

Unità 11 Lezione 11A

CONTESTI

1 **Professioni** Identify the profession that each job description refers to.

1. Salva le persone in caso di incidenti e lotta contro il fuoco (*fights fires*). È il/la _____.
2. Trasporta i clienti nel suo taxi. È il/la _____.
3. Cura gli animali malati. È il/la _____.
4. È una persona che lavora in casa. È il/la _____.
5. Fa un lavoro manuale. È l' _____.
6. Lavora nei giardini. È il/la _____.

2 **Mettere etichette** Write a complete sentence to indicate the profession of each person.

Modello
Lei è veterinaria.

1. _____

2. _____

3. _____

4. _____

5. _____

6. _____

Unità 11 Workbook Activities   161

Nome _____ **Data** _____

---

3 Associare Match each item on the left to the most logically related profession or occupation on the right.

_____ 1. camion

_____ 2. cane malato

_____ 3. soldi

_____ 4. fabbrica (*factory*)

_____ 5. fiore

_____ 6. ristorante

_____ 7. scuola

_____ 8. taxi

_____ 9. legge (*law*)

a. banchiere

b. bidello

c. camionista

d. cuoco

e. giardiniere

f. giudice

g. operaio

h. tassista

i. veterinario

---

4 Di chi c'è bisogno? Write the type of professional who can help with each of these problems.

1. Si è rotta la lavatrice. Abbiamo bisogno di _____.

2. Mio figlio ha la depressione. Ha bisogno di _____.

3. Il nostro giardino non è bello. Abbiamo bisogno di _____.

4. Il suo gatto è malato. Ha bisogno di _____.

5. Devi andare all'aeroporto la mattina presto. Hai bisogno di _____.

6. Gianni non sa cucinare. Ha bisogno di _____.

7. Dobbiamo cercare una casa più grande. Abbiamo bisogno di _____.

8. Deve chiedere dei soldi per una nuova casa. Ha bisogno di _____.

---

5 Completa le frasi Complete each sentence with a word from the list.

a tempo parziale	disoccupato	promozione
cuoco	guadagnare	tassista
direttore	licenziato	veterinaria

1. Antonio ha deciso di cambiare lavoro. Vuole _____ di più.

2. Mio fratello è stato _____: ora è _____ e cerca un nuovo lavoro.

3. Mio padre ama cucinare: è un ottimo _____.

4. Mi piacerebbe fare la _____ perché vorrei aiutare tanti animali.

5. C'è una riunione nell'ufficio del _____: non devi disturbarlo.

6. Mia mamma è agente immobiliare, ma lavora _____ per avere più tempo per la famiglia.

7. Giovanni ha avuto una _____: ora guadagna di più e può comprarsi una macchina nuova.

8. A mio cugino piace molto fare il _____ perché con il suo taxi gira tutta la città e incontra molte persone.

---

162 | **Unità 11** Workbook Activities

© by Vista Higher Learning. All rights reserved.

Nome _____ **Data** _____

STRUTTURE

11A.1 Impersonal constructions

1 **Completare** Choose the ending that best completes each sentence.

1. Sono già le otto: è ora di _____
2. Bisogna lavorare molto bene per _____
3. Prima di questo viaggio è importante _____
4. Se aspetti un bambino è necessario _____
5. Quando ci sono problemi sul lavoro è giusto _____
6. Abbiamo due biglietti e sarebbe un peccato _____
7. La nostra casa è piccola e non è opportuno _____

a. far controllare la macchina.
b. parlare con il rappresentante del sindacato.
c. avere una promozione.
d. invitare molte persone.
e. non andare a teatro.
f. alzarsi per andare a scuola.
g. prendere un congedo.

2 **Possibilità** Complete each sentence logically with an appropriate expression.

1. Se vuoi andare al cinema è necessario _____.

2. Se non vuoi essere licenziato è importante _____.

3. Se ascolti le lezioni dell'insegnante è difficile _____.

4. Se si è licenziati non è facile _____.

5. Se non si sa guidare bene è impossibile _____.

6. Se piove è meglio non _____.

3 **Non è vero!** Rewrite each sentence changing one piece of information to make the statement true.

1. È giusto lavorare 20 ore al giorno.

   _____

2. Bisogna andare dallo psicologo se non si hanno problemi.

   _____

3. È possibile comprare una casa se abbiamo pochi soldi.

   _____

4. Basta amare gli animali per essere veterinario.

   _____

5. È opportuno andare a fare una passeggiata se piove.

   _____

6. È meglio essere disoccupato che avere un lavoro.

   _____

© by Vista Higher Learning. All rights reserved. **Unità 11** Workbook Activities **163**

Nome	Data

4 **Riscrivere** Rewrite each sentence using an impersonal expression to express your opinion.

Modello
Devi memorizzare 50 pagine in un'ora.
È impossibile memorizzare 50 pagine in un'ora!

1. Puoi diventare psicologo senza andare all'università.
   _____
2. Vuoi pagare il giardiniere per il suo lavoro.
   _____
3. Devi organizzare una riunione per discutere i problemi dell'ufficio.
   _____
4. Vuoi guadagnare molti soldi con un lavoro a tempo parziale.
   _____
5. Devi studiare molto per diventare veterinario.
   _____
6. Vuoi fare un'assicurazione sulla vita.
   _____

5 **Cosa devi fare?** Comment on each illustration using an affirmative or negative impersonal expression.

Modello
Non è bene avere tanta confusione in camera!

1. _____

2. _____

3. _____

4. _____

6 **Il tuo futuro** Write a short paragraph about a job you would like to have. Use as many impersonal expressions as possible.

_____
_____
_____
_____
_____

Nome _____ **Data** _____

11A.2 The present subjunctive: use with impersonal expressions

1 **Scegliere** Circle the verb form that best completes each sentence.

1. È importante che il veterinario (curi / curare) bene il mio cane.

2. È necessario (compri / comprare) le piante perché viene il giardiniere.

3. È impossibile (viaggiamo / viaggiare) in treno senza biglietto.

4. Non è giusto che io (passi / passare) le vacanze a lavorare.

5. È un peccato che loro non (guidino / guidare) la macchina e (prendano / prendere) sempre il taxi.

6. È giusto che tu (chiami / chiamare) l'elettricista quando il telefono non funziona.

7. Non basta (abbiamo / avere) un lavoro a tempo pieno per guadagnare tanti soldi.

8. È ora che voi (finiate / finire) gli studi e (troviate / trovare) un lavoro.

2 **La festa di Patrizia** Your friend Patrizia is throwing a party. Complete each sentence with the correct subjunctive form of the verb in parentheses.

1. Giovanna non può venire perché è indispensabile che lei _____ (finire) i suoi compiti di italiano.

2. Bisogna che Michele mi _____ (comunicare) a che ora può venire.

3. È importante che noi _____ (parlare) con Antonio per avere la risposta.

4. È possibile che io _____ (ricevere) gli invitati in giardino.

5. È un peccato che voi non _____ (prendere) il treno per venire.

6. È necessario che tu _____ (comprare) delle bibite.

7. Sembra che Marco e Cristina non _____ (partecipare) perché sono malati.

3 **Completare** Complete each sentence with a verb from the list.

arrivare	frequentare	leggere	studiare
finire	invitare	parlare	viaggiare

1. È necessario che gli studenti _____ puntuali a scuola.

2. È opportuno che io _____ per passare l'esame.

3. È importante che i miei genitori _____ la mia lettera.

4. È giusto che tu _____ spesso con i tuoi genitori.

5. È probabile che io e Beatrice _____ il nostro lavoro prima di loro.

6. È incredibile che suo figlio _____ tutte le sere la discoteca.

7. È bello che tu e Gloria _____ il vostro amico italiano per il vostro compleanno.

8. Peccato che io non _____ spesso in Europa come te.

© by Vista Higher Learning. All rights reserved. **Unità 11** Workbook Activities **165**

Nome _____ Data _____

Workbook

4 **Prima delle vacanze** You and your housemates are about to go on vacation, but there are still things left to do. Write complete sentences using the cues provided.

1. essere / importante / Fabio / parlare / al professore d'italiano

_____

2. essere / necessario / Paola e il suo ragazzo / comprare / i biglietti aerei

_____

3. essere / opportuno / io / partire / mercoledì mattina al più tardi

_____

4. essere / meglio / tu / vendere / la tua vecchia auto

_____

5. bisognare / noi / pulire / la casa / prima di uscire

_____

6. essere / giusto / voi / telefonare / proprietario

_____

7. essere / bene / Sergio / spostare (*to move*) / la sua bicicletta dal garage

_____

8. essere / necessario / io / chiedere / un visto per l'Italia

_____

5 **Il lavoro di Sabrina** Read the paragraph about Sabrina, then write eight sentences using impersonal expressions to comment on her life.

> **Modello**
>
> È un *peccato che* Sabrina lavori il *fine settimana*.

Sabrina lavora come tassista. Guida otto ore al giorno dal lunedì al giovedì e il fine settimana lavora quattro ore di notte. I suoi clienti, in generale, si comportano gentilmente, ma qualche volta sono esigenti e antipatici. Adora il suo lavoro, anche se il traffico della città è faticoso (*tiring*). Sabrina vive con il suo cane, Bobbi. Bobbi è vecchio e Sabrina lo porta spesso dal veterinario. Nel suo tempo libero, Sabrina va al parco a correre e a far camminare Bobbi. La sera incontra i suoi amici e mangiano al loro ristorante preferito. A volte, guardano un film al cinema. Il venerdì, il suo giorno libero, Sabrina dorme e si rilassa.

1. _____
2. _____
3. _____
4. _____
5. _____
6. _____
7. _____
8. _____

166 **Unità 11** Workbook Activities © by Vista Higher Learning. All rights reserved.

Unità 11 — Lezione 11B

CONTESTI

1 Parole mescolate Unscramble each work-related term and write the correct word in the space provided.

1. SONLICGOI _____
2. SEZNPIOIO _____
3. NCIROTIOI _____
4. REESETIM _____
5. TMEPUANAPONT _____
6. TEGAS _____
7. SIPIATCLESA _____
8. CAAEBHC _____
9. TADDONICA _____
10. TARTLEE _____

2 Scegliere Choose the word or expression that best completes each sentence.

1. Tommaso guadagna un salario (alto / modesto). È un importante uomo d'affari.
2. Patrizia ha ottenuto un (lavoro / mestiere) di commessa ai grandi magazzini.
3. Volete assumerlo? Ma non ha (referenze / consiglio)!
4. Mario vuol fare uno (stage / settore) nel settore della finanza.
5. Un buon direttore dà dei (consigli / mestieri) ogni tanto ai suoi impiegati.
6. Molte persone (trovano / prendono) lavoro in questo ufficio.
7. Io mi rifiuto di (restare in attesa / fare progetti) più di cinque minuti al telefono.
8. Quante (candidate / capi del personale) ci sono per il posto di segretaria?

3 Alla ricerca di un lavoro Use expressions from the lesson vocabulary to write complete sentences describing each illustration.

Modello
Chiama il capo del personale.

1.

2.

3.

4.

1. _____
2. _____
3. _____
4. _____

Nome _____ **Data** _____

4 **Una telefonata** Put this phone conversation in order by numbering the lines.

_____ a. Il signor Rosini non è in ufficio in questo momento, ma posso lasciargli un messaggio. Chi parla?

_____ b. Pronto?

_____ c. Sì, ho bisogno di un appuntamento.

_____ d. ArrivederLa, signorina.

_____ e. Sono Giulia Bianchi.

_____ f. Buongiorno, posso parlare con il signor Rosini, il capo del personale, per favore?

_____ g. È zero, uno, quindici, settantacinque, ventidue.

_____ h. Grazie, arrivederci.

_____ i. Chiama per prendere un appuntamento con lui?

_____ l. La faccio richiamare. Qual è il Suo numero di telefono?

_____ m. Benissimo. Quando il signor Rosini torna, gli do il messaggio.

5 **Il tuo C.V.** You are applying for a job and need to organize your résumé. Write a short résumé for yourself and be sure to answer all of the questions below.

- Hai esperienza professionale? In quale settore?
- Sai usare il computer?
- Perché vuoi lavorare per questo ufficio?
- Quale salario vorresti?
- Quali lingue straniere parli?
- Sei disposto/a a lavorare all'estero?
- Hai delle referenze?

_____

_____

_____

_____

_____

_____

_____

_____

_____

_____

_____

168 **Unità 11** Workbook Activities © by Vista Higher Learning. All rights reserved.

STRUTTURE

11B.1 Irregular present subjunctive

1 Le faccende Your parents are going out of town for the day and they've left you a list of chores to do. Rewrite each item on the list using an impersonal expression and the present subjunctive.

> **Modello**
> arrivare a scuola puntuale È importante che io arrivi a scuola puntuale.

1. andare a comprare qualcosa da mangiare _____
2. fare uscire il cane _____
3. bere solo acqua _____
4. uscire in tempo da casa per la scuola _____
5. dare l'acqua ai fiori del giardino _____
6. venire a casa subito dopo la scuola _____

2 Indicativo o congiuntivo? Determine whether each sentence requires the indicative or the subjunctive. Then write the correct form of the verb in parentheses.

1. È incredibile che tu _____ (uscire) tutte le sere invece di studiare.
2. È chiaro che lui _____ (volere) dare un consiglio sulla scelta dell'università.
3. Può darsi che noi _____ (decidere) di andare in vacanza in Italia.
4. È preferibile che voi _____ (venire) in taxi per arrivare prima.
5. È sicuro che lei _____ (fare) un colloquio di lavoro per quel posto di segretaria.
6. È certo che un buon veterinario _____ (avere) sempre molti clienti.

3 Fotografie Write a complete sentence about each illustration using the cues provided.

> **Modello**
> peccato: Peccato che le fotografie delle vacanze non siano ancora pronte.

1. è bene

2. è importante

3. è opportuno

4. pare

1. _____
2. _____
3. _____
4. _____

© by Vista Higher Learning. All rights reserved.

Unità 11 Workbook Activities 169

Nome _____ **Data** _____

4 **Scegliere** Circle the option that best completes each sentence.

1. Bisogna che tu _____ guidare bene prima di comprare un taxi.

   a. sia   b. sappia   c. dorma

2. È necessario che tu _____ bene il tuo lavoro se vuoi avere un aumento di stipendio.

   a. faccia   b. compri   c. dica

3. È possible che lui _____ a cena stasera dopo il lavoro.

   a. legga   b. venga   c. beva

4. Peccato che loro _____ partire la mattina presto per arrivare in ufficio.

   a. siano   b. possano   c. debbano

5. È giusto che vi _____ scegliere attentamente quale spettacolo andare a vedere.

   a. mangi   b. corra   c. piaccia

6. È incredibile che ci _____ così tanto denaro per prendere una casa in affitto sul lago.

   a. serva   b. abbia   c. faccia

7. Bisogna che i candidati _____ bene a tutte le domande.

   a. dicano   b. parlino   c. rispondano

8. È inopportuno che noi _____ in attesa per così tanto tempo.

   a. restiamo   b. decidiamo   c. otteniamo

5 **Dovere, potere o volere?** Write a logical completion for each sentence using the present subjunctive of **dovere**, **potere**, or **volere**.

1. È importante che tu...

   _____

2. È giusto che lui...

   _____

3. È bene che voi...

   _____

4. Peccato che io non...

   _____

5. È incredibile che noi...

   _____

6. È impossibile che loro non...

   _____

170 **Unità 11** Workbook Activities   © by Vista Higher Learning. All rights reserved.

Nome _____ **Data** _____

11B.2 Verbs that require the subjunctive

1 **Indicare** Indicate which verbs or expressions require the subjunctive and which do not.

	Sì	No
1. dire	○	○
2. pensare	○	○
3. credere	○	○
4. secondo me	○	○
5. essere sicuro	○	○
6. non essere sicuro	○	○
7. dubitare	○	○
8. avere paura	○	○
9. leggere	○	○
10. dispiacere	○	○

2 **Congiuntivo o indicativo?** Read each list of verbs and circle the form that is conjugated in the subjunctive.

1. preferiscono, preferisca, preferisco, preferisci
2. vengo, venite, venga, vengono
3. chiedi, chiedono, chiedete, chiediamo
4. temano, temono, temete, temi
5. desidero, desidera, desideri, desiderano
6. credi, crede, credo, creda
7. immaginate, immaginiate, immagina, immaginano
8. dubitino, dubita, dubitano, dubito
9. scriva, scrivono, scrive, scrivete
10. mangi, mangio, mangia, mangiano
11. pagano, pagate, paghino, paga
12. mi sveglio, si sveglia, si svegliano, ci svegliamo

3 **La riunione** You are reading the minutes from last week's student outdoor club meeting. Complete each sentence with the subjunctive of the verb in parentheses to find out what students have suggested.

1. Caterina suggerisce che gli studenti _____ (organizzare) più passeggiate in montagna.

2. Fabio desidera che più persone _____ (venire) alle riunioni.

3. Isabella si augura (*wishes*) che le uscite _____ (essere) più frequenti.

4. Vincenzo raccomanda che noi _____ (visitare) le grotte che sono lì vicino.

5. Sofia vuole che l'associazione _____ (fare) più pubblicità.

6. Maurizio propone che tutti _____ (essere) più attivi.

7. Giacomo spera che al direttore _____ (piacere) le nostre idee.

8. Daniela insiste che tutti _____ (arrivare) in orario alle riunioni.

© by Vista Higher Learning. All rights reserved.

Unità 11 Workbook Activities **171**

Nome _____ **Data** _____

4 Al film festival You and your friends are discussing a movie you just watched at a local film festival. Use the cues provided to write complete sentences about the movie.

1. a me / piacere / che il film / finire bene

_____

2 a voi / dispiacere / che gli attori / non essere più conosciuti

_____

3. tu / essere contenta / che un film italiano / venire mostrato nella nostra città

_____

4. a lui / dispiacere / che non esserci sottotitoli in inglese

_____

5. loro / avere l'impressione / che la gente / non capire tutti i riferimenti culturali

_____

6. tu / essere contento / che la storia / fare ridere

_____

5 Le notizie Use the cues provided to write complete sentences stating your feelings about the stories in your high-school newsletter.

1. Ettore e Vittoria hanno un bambino piccolo di due mesi. (contento/a)

_____

2. La signorina Verdi è ancora la prof. di matematica. (piacere)

_____

3. Antonio fa delle gare (*races*) di sci. (sorpreso/a)

_____

4. I nostri professori d'italiano non ci sono più. (dispiacere)

_____

5. La direttrice ora lavora in Inghilterra. (triste)

_____

6. La squadra di calcio e la squadra di tennis della scuola perdono il campionato. (avere paura)

_____

6 Il pessimista Your friend Marco is worried that a conference he is planning will not go smoothly. Complete each sentence with the correct present subjunctive form of the verb in parentheses.

1. Marco dubita che noi _____ (prepararsi) bene per la conferenza.

2. Lui crede che io non _____ (potere) prenotare l'albergo per tutti.

3. Lui non pensa che loro _____ (volere) partecipare alla discussione finale.

4. È improbabile che il nostro direttore _____ (venire) alla riunione preliminare.

5. È incredibile che agli impiegati non _____ (piacere) quella segretaria.

6. Non è certo che Marco _____ (avere bisogno) di mandare altri inviti.

172 **Unità 11** Workbook Activities   © by Vista Higher Learning. All rights reserved.

Nome _____   Data _____

Unità 11

PANORAMA

Avanti

Workbook

1 Quali città visitiamo? Match each letter to a number to fill in the names of these Italian cities. Then put each city in the correct region.

A	B	C	D	E	F	G	H	I	L	M	N	O	P	Q	R	S	T	U	V	Z
3																				

__ __ __ A__ __ __   __ __ __ __ A__ __   __ A__ __ __ __ A__   __ __ __ __ __ __
26 20 6 3 19 24   8 24 19 21 3 14   14 3 9 24 19 3   12 24 4 20 19 24

__ __ __ __ __ A__   A__ __ __ A__ __   __ __ __ A__ A__   __ __ __ __ A__
18 25 19 24 9 3   3 24 14 12 3   19 24 9 3 4 3   26 24 19 7 3

Valle d'Aosta	Lombardia	Piemonte	Liguria

2 Chi sono? Determine which famous Italian each description refers to.

1. Sono vissuto tra il 1800 e il 1900. Ho disegnato o dipinto circa duemila opere e ho ricevuto alcuni premi per la mia produzione pittorica. _____

2. Sono vissuto nell'Ottocento. Sono stato un personaggio molto importante nella politica italiana e sono considerato uno dei «padri della patria». _____

3. Ho scritto romanzi, poesie e racconti e ho lavorato come traduttore e critico. Nel 1932 ho tradotto *Moby Dick*. _____

4. Sono nata nel 1969. Sono conosciuta nell'ambiente artistico contemporaneo. Lavoro con il corpo umano per creare dei veri e propri «quadri viventi». _____

5. Faccio parte della squadra del Milan e della nazionale italiana con cui ho vinto i Campionati del mondo nel 2006. _____

3 Vero o falso? Indicate whether each statement is **vero** or **falso**. Correct the false statements.

	Vero	Falso
1. Amati, Guarnieri e Stradivari sono famosi cantanti d'opera italiani.	○	○
2. Cremona è famosa per la produzione di violini.	○	○
3. I violini Stradivari non sono molto buoni.	○	○
4. Oggi ci sono circa 100 Stradivari al mondo.	○	○
5. I violini Stradivari di solito sono usati da studenti di musica.	○	○
6. Il prezzo più alto pagato per uno Stradivari è 4 milioni di euro.	○	○

© by Vista Higher Learning. All rights reserved.

Unità 11 Workbook Activities   **173**

Nome _____ **Data** _____

4 **Dove siamo?** Write the name of the Italian city or region associated with each noun listed.

1. Monte Bianco _____

2. pesto _____

3. Einaudi _____

4. Fiat _____

5. Courmayeur _____

6. Umberto Eco _____

7. SUV e furgoni _____

8. scialpinismo _____

5 **Rispondere** Answer each question using a complete sentence.

1. Quali sono quattro tra le più alte montagne d'Europa?

_____

2. Quali sono gli ingredienti del pesto?

_____

3. Quali sono alcuni dei modelli di macchine Fiat più famosi?

_____

4. Quali sono alcuni importanti scrittori vissuti a Torino?

_____

5. Quali sono alcune delle case editrici che si trovano a Torino?

_____

6. Com'è arrivato il pesto in America?

_____

7. In quale periodo Torino è diventata una città importante?

_____

8. Perché la Fiat 500 ha avuto tanto successo?

_____

Nome _____   **Data** _____

Unità 12
Lezione 12A

CONTESTI

1 **Trova l'intruso** Circle the word that does not belong in each group.

1. lo scoiattolo, il coniglio, il sentiero, il serpente
2. il fiume, la pianta, l'erba, il fiore
3. il toro, la pecora, la capra, il gabbiano
4. l'albero, il fiore, l'oceano, l'erba
5. l'alba, il tramonto, il sole, la costa
6. la fattoria, il fieno, il deserto, la mucca
7. il lago, l'isola, la luna, la scogliera

2 **Classificare** Write each word under the category in which it belongs.

	Il cielo	La terra	L'acqua
1. il fiume			
2. l'alba			
3. la costa	_____	_____	_____
4. il lago			
5. il sole	_____	_____	_____
6. il deserto			
7. l'orizzonte	_____	_____	_____
8. la montagna			
9. l'oceano			

3 **Nella natura** A group of friends is vacationing in Valle d'Aosta. Complete the conversation between Gioia and Michela using words from the list.

> baita   cascata   foresta   gabbiani   lago   mucche   picnic   pineta

MICHELA Abbiamo fatto una lunga passeggiata in montagna fino alla (1) _____. È piccola, ma molto comoda. E tu e Riccardo?

GIOIA Noi, invece, abbiamo fatto una lunga passeggiata nella (2) _____. Ci sono degli alberi altissimi.

MICHELA Sei andata al fiume? Circa a metà strada, c'è una bellissima (3) _____ dove ieri mi sono fermata a bere l'acqua fresca.

GIOIA No, ci andrò domani. Hai visto Marcello e Giovanna?

MICHELA Sono usciti presto stamattina perché vogliono esplorare la (4) _____ per cercare erbe, piante e scoiattoli.

GIOIA Se stasera non sapete cosa fare, prima che il sole tramonti sul (5) _____ potete remare fino all'isola. È molto bella e romantica!

MICHELA Ottima idea! Peccato solo che non ci siano i (6) _____ che volano come al mare… È una vacanza fantastica, comunque.

GIOIA Sì, anch'io sono davvero contenta di essere venuta qui in vacanza. Hai visto che nel campo vicino alla fattoria dell'agricoltore ci sono molte (7) _____ che mangiano il fieno? Sicuramente non si vedono in città!

MICHELA Hai propio ragione! Senti, siccome oggi è una bella giornata, che ne pensi di fare un (8) _____ in questo bel prato?

GIOIA Sì! Vado subito a chiamare tutti gli altri. A tra poco!

© by Vista Higher Learning. All rights reserved.   **Unità 12** Workbook Activities   **175**

Nome _____   **Data** _____

4   **Vero o falso?** Enea asks a lot of questions. Tell him whether each of the things he asks about is true (**Sì, è vero.**) or not (**No, non è vero.**).

> **Modello**
>
> È vero che ci sono molti serpenti in casa? <u>No, non è vero</u>.

1. È vero che nel deserto crescono molte piante e fiori?

   _____

2. È vero che il sole tramonta la mattina presto?

   _____

3. È vero che i serpenti vivono nel deserto?

   _____

4. È vero che tra gli animali della fattoria ci sono i gabbiani?

   _____

5. È vero che le api preferiscono volare sopra i fiori?

   _____

6. È vero che in montagna si trovano dei fiumi con piccole cascate?

   _____

7. È vero che gli scoiattoli amano fare il bagno nel lago?

   _____

5   **Quale animale?** Choose the most appropriate answer from each pair of options given.

1. Qual è l'animale più grosso?
   a. la pecora   b. il toro
2. Qual è l'animale che vola?
   a. l'ape   b. il coniglio
3. Cosa puoi trovare sugli alberi?
   a. la capra   b. lo scoiattolo

4. Da quale animale hai il latte?
   a. il serpente   b. la mucca
5. Sopra l'oceano, che cosa è più probabile vedere?
   a. il gabbiano   b. la rondine
6. Chi vola più in alto?
   a. l'uccello   b. l'ape

6   **La scelta** You and your friends are trying to decide where to spend your spring break: in the mountains or in the countryside? Write a short paragraph explaining which you prefer and why. Give as many details as possible.

_____

_____

_____

_____

_____

_____

_____

_____

176   **Unità 12** Workbook Activities   © by Vista Higher Learning. All rights reserved.

Nome _____ **Data** _____

STRUTTURE

12A.1 The past subjunctive

1 **Ritorno al passato** Rewrite each sentence using the past subjunctive.

1. Peccato che Ilaria non ci scriva dall'Italia.

   _____

2. Credo che Paolo e Sergio organizzino un picnic per domenica prossima in campagna.

   _____

3. È strano che gli impiegati non vengano alla manifestazione del sindacato.

   _____

4. Ci dispiace che la mucca della fattoria stia male.

   _____

5. È possibile che la segretaria riceva un aumento di stipendio.

   _____

6. Non sono sicura che Vittorio e Stefano scalino quella montagna in poco tempo.

   _____

2 **I nostri amici** Complete the dialogue by filling in the correct form of the past subjunctive of each verb in parentheses.

GIOVANNI Ciao Giacomo, come stai?

GIACOMO Bene! E tu? Stai bene? Mi sembra che tu (1) _____ (perdere peso).

GIOVANNI Un pochino, ma sto bene. Hai notizie di Riccardo?

GIACOMO Credo che lui (2) _____ (fare) un lungo viaggio in Europa, ma poi si è ammalato.

GIOVANNI Oh no! È un peccato che lui (3) _____ (dovere) tornare a casa prima del tempo! Ma non voleva andare in Africa?

GIACOMO Non aveva abbastanza soldi. È triste che lui non (4) _____ (potere) fare quel viaggio nel deserto, lo voleva tanto.

GIOVANNI Che sfortuna! Non ha anche avuto problemi con la macchina?

GIACOMO Sì! Lui e Ortensia hanno una macchina vecchia che si è rotta. Penso che loro (5) _____ (cambiare) la macchina prima di partire.

GIOVANNI Non conosco Ortensia.

GIACOMO È impossibile che tu non (6) _____ (conoscere) Ortensia!

3 **Trasformare** Write complete sentences in the past subjunctive using the cues provided.

1. è giusto / Luciano / passare / la notte nella baita

   _____

2. credo / noi / remare / tutta la giornata / per arrivare all'isola sul lago

   _____

3. dubito / voi / potere / scalare quella montagna in poche ore

   _____

4. è incredibile / Loretta e Veronica / attraversare la foresta e arrivare fino al fiume

   _____

5. lei dubita / io / vedere / il tramonto dalla scogliera

   _____

© by Vista Higher Learning. All rights reserved.   **Unità 12** Workbook Activities   **177**

Nome _____ **Data** _____

4

Vacanze in fattoria Marcella is writing an e-mail about her visit to Giovanna's farm. Choose the verb from the list that best completes each sentence and write the correct past subjunctive form.

> arrivare   essere   fare   passare   potere   remare

Cara Giovanna,

sono stata molto bene nella tua fattoria. Spero che tu (1) _____ con me delle giornate piacevoli. Non dimentico quanto (2) _____ bello guardare il tramonto dal prato davanti a casa. È incredibile che noi (3) _____ tanto per arrivare all'isola. È strano che i grossi animali come il toro e le mucche non mi (4) _____ paura. Non credo che le rondini (5) _____ prima che io sia andata via. È un peccato che non (io) (6) _____ salutare tua sorella.

Grazie di tutto e a presto,

Marcella

5

Congiuntivo o infinito? Use each cue to write out two sentences, one with a single subject and one with a different subject in the subordinate clause. Decide whether each sentence requires the past subjunctive or the past infinitive.

> **Modello**
>
> lei non è sicura / arrivare all'ufficio giusto
> lei: _Lei non è sicura di essere arrivata all'ufficio giusto._
> Luigi: _Lei non è sicura che Luigi sia arrivato all'ufficio giusto._

1. sei felice / venire a trovarmi
   i miei genitori: _____
   tu: _____

2. dubitiamo / leggere quel libro
   noi: _____
   voi: _____

3. Laura spera / non dimenticare il biglietto
   Laura: _____
   io: _____

4. avete paura / sbagliare strada
   Giovanni: _____
   voi: _____

5. sono contento / portare l'ombrello
   io: _____
   tu e io: _____

6. Gloria e Iacopo credono / prendere le chiavi
   Gloria e Iacopo: _____
   Vittore e Ugo: _____

7. tu pensi / trovare il sentiero
   noi: _____
   tu: _____

8. Mario è felice / scalare la montagna ieri
   Mario: _____
   Silvia: _____

178 **Unità 12** Workbook Activities © by Vista Higher Learning. All rights reserved.

Nome _____ **Data** _____

12A.2 The subjunctive with conjunctions

1 **Quale verbo?** Circle the verb conjugation that correctly completes each sentence.

1. Ti telefono appena (io) (arrivo / arrivi).
2. Volete fare un picnic, ma (piove / piova).
3. Non hai visto le mucche benché tu (sei / sia) già stato alla fattoria.
4. Mentre (fanno / facciano) una passeggiata nella foresta, incontrano tanti scoiattoli.
5. Per quanto Tommaso (può / possa) remare, non arriverà mai all'isola.
6. Ho portato le pecore al pascolo (*pasture*) affinché (mangiano / mangino) l'erba.
7. Ti porterò alla cascata a patto che tu (hai finito / abbia finito) di fare gli esercizi d'italiano.
8. Puoi invitare i tuoi amici alla fattoria a meno che voi non (preferite / preferiate) andare al lago.

2 **Associare** Choose the most logical completion for each sentence starter.

_____ 1. Chiamo il tecnico...

_____ 2. Appena sei scesa dall'aereo...

_____ 3. Ad agosto andiamo a visitare il deserto del Sahara...

_____ 4. Ho deciso di comprare una Ferrari...

_____ 5. Mentre tu guardi la televisione...

_____ 6. Stasera cucinerò la pasta con i frutti di mare...

_____ 7. La segretaria ha preso un appuntamento per il direttore...

_____ 8. Ti presto dei soldi...

a. benché non ci piaccia il caldo.

b. sebbene oggi lui non sia in ufficio.

c. a meno che tu non sia allergica al pesce.

d. perché il computer non funziona.

e. per quanto il mio stipendio non sia molto alto.

f. affinché tu possa realizzare il tuo progetto.

g. dimmi se devo venire all'aeroporto.

h. io finisco di pulire la cucina.

3 **Domande e risposte** Answer each question using a conjunction that takes the subjunctive.

> **Modello**
>
> Posso venire con te in vacanza nel deserto?
> _Sì, puoi venire a patto che tu paghi il tuo biglietto aereo._

1. Le rondini sono già tornate quest'anno?

   _____

2. Vuoi venire con me fino alla scogliera?

   _____

3. Ci sono molti serpenti da queste parti (*around here*)?

   _____

4. Perché avete tante api in questa fattoria?

   _____

5. Stasera volete andare a vedere il tramonto sul lago?

   _____

6. Perché Giacomo vuole arrivare fino alla baita?

   _____

© by Vista Higher Learning. All rights reserved. **Unità 12** Workbook Activities **179**

Nome _____ **Data** _____

4

Dialoghi Complete each mini dialogue with an appropriate conjunction from the list.

> a patto che   affinché   in modo che   perché   sebbene   per quanto

SIMONA Ti ho riportato il dizionario (1) _____ tu possa fare la tua traduzione.
ALBA Non importava! Ho usato quello di mio fratello.

CARLA Vuoi venire alla mia festa di compleanno?
MELANIA Mi piacerebbe, (2) _____ non sia sicura se sarò in città.

I BAMBINI Mamma, papà, possiamo invitare i nostri amici oggi pomeriggio?
I GENITORI Sì, (3) _____ dopo rimettiate in ordine la vostra camera.

LA SEGRETARIA Il signor Calcetti vorrebbe prendere un appuntamento con Lei domani pomeriggio.
IL DIRETTORE Va bene, ma scelga l'orario (4) _____ io possa uscire dall'ufficio alle 18.00.

SIGNORA LOTTI Le ho portato il mio cane perché non sta bene.
IL VETERINARIO Le darò questa medicina (5) _____ il Suo cane stia meglio.

TIZIANO Vorrei portarti a cena fuori stasera.
LUCIA Va bene, (6) _____ sia stata a cena fuori quasi tutte le sere questa settimana.

5

Indicativo, congiuntivo o infinito? Decide whether each verb should be conjugated in the present indicative or present subjunctive, or left in the infinitive. Use the correct form of the verb to complete each sentence.

1. Non voglio mangiare la torta perché da oggi _____ (mettersi) a dieta.
2. Devo finire tutto questo lavoro prima di _____ (andare) in vacanza.
3. Non è possibile affittare una barca senza _____ (spendere) molti soldi.
4. Ci sono ancora molti scoiattoli sebbene _____ (fare) freddo.
5. Devi andare a scuola perché tu _____ (potere) imparare tante cose.
6. Vengo a casa tua appena (io) _____ (svegliarsi).
7. Attraversiamo il fiume prima che _____ (diventare) troppo alto.
8. Giuliana ha bisogno di dormire molto per _____ (avere) energie il giorno dopo.

6

Frasi mescolate Use elements from each column to create logical sentences.

A	B	C
uscite dopo cena	perché	portare tuo fratello
dai il fieno alle mucche	prima che	portiamo anche tuo fratello
non voglio andare a quel museo	senza che	poter ammirare le stelle
uscite dopo cena	per	tu possa ammirare le stelle
dai il fieno alle mucche	prima di	andare in città
non voglio andare a quel museo	senza	andiamo in città

1. _____
2. _____
3. _____
4. _____
5. _____
6. _____

180 **Unità 12** Workbook Activities

© by Vista Higher Learning. All rights reserved.

Nome _____ **Data** _____

Unità 12 Lezione 12B

CONTESTI

1 Trovare le parole Find the words hidden vertically, horizontally, and diagonally, backwards and forwards.

alluvione
degrado
fabbrica
ibrida
immondizia
nettezza urbana
pendolare
pericolo
preservare
scappamento
sviluppare
vietato

```
O N S N B P V H M N A I V A P
B A O F X D U N Z W Z D N B R
S C A P P A M E N T O A J S E
P I B E E D N X O E B D V I S
A R M P N U E L I R R I B B E
O B Z M B O O G U G L W I R R
J B R D O C I A R U M I R I V
N A F S I N Z V P A X Y C D A
W F F R F Z D P U Z D K J A R
O M E M E V A I I L Y O Z R E
W P R T G R V S Z E L S U F X
B D T A E D R E A I B A W I C
Q E R A L O D N E P A X A V B
N X P Q G S B V G G G F U Z H
V I E T A T O O O S L O L N V
```

2 Problemi e soluzioni Match each problem on the left with its solution on the right.

_____ 1. lo smog

_____ 2. i rifiuti tossici

_____ 3. l'energia

_____ 4. l'inquinamento

_____ 5. il disboscamento

a. sviluppare energia rinnovabile

b. fare la multa a chi inquina

c. andare a piedi invece di usare la macchina

d. riciclare di più

e. preservare le foreste dal fuoco (*fire*)

3 Nel 2050 Complete this paragraph by filling in each space with a word or expression from the list below, making any necessary changes or agreements. Not every word will be used.

ambiente	energie	riscaldamento	sovrappopolazione
catastrofe	governi	salvare	spazio
effetto serra	protezione	soluzione	sprecare

Il (1) _____ della terra può portare a una vera (2) _____ entro il 2050.

Se i (3) _____ non sviluppano una politica di (4) _____ dell'ambiente,

noi non salveremo il pianeta. L' (5) _____ è uno dei principali problemi. Noi

dobbiamo utilizzare più (6) _____ pulite come l'energia solare. Questo problema è

legato (*connected*) alla (7) _____. Infatti la popolazione è quasi raddoppiata (*doubled*)

in 50 anni. Si deve rapidamente pensare a una (8) _____ se vogliamo

(9) _____ il pianeta.

© by Vista Higher Learning. All rights reserved. **Unità 12** Workbook Activities **181**

Nome _____ Data _____

4 Parole crociate
Fill in the crossword using the word from the lesson vocabulary that best completes each definition.

ORIZZONTALI

1. Un modo di produrre cibi sani è l'agricoltura _____.
4. L'energia derivata dal vento si chiama energia _____.
7. Una macchina che usa benzina ed elettricità è una macchina _____.
8. La persona che va a lavorare ogni giorno fuori città si chiama _____.

VERTICALI

2. È importante fare leggi per la protezione dell'_____.
3. Quando la temperatura della Terra (*Earth*) è troppo alta, c'è il problema dell'effetto _____.
5. Quando piove troppo ci sono rischi di _____.
6. La Fiat è una _____ di automobili.

5 In famiglia
Using the words below, as well as other words from the lesson vocabulary, write a short paragraph explaining what you and your family do to help combat environmental problems.

avere una coscienza ambientale	installare i pannelli solari
buttare rifiuti	riciclare
comprare alimenti da agricoltura biologica	sprecare acqua

_____
_____
_____
_____
_____
_____
_____
_____
_____
_____

Nome _____ **Data** _____

STRUTTURE

12B.1 The imperfect and the past perfect subjunctive

1 **Congiuntivo imperfetto** Complete the table by filling in the missing imperfect subjunctive forms of each of the irregular verbs listed.

	Essere	Dare	Stare	Bere	Dire	Fare
io	fossi					
tu					dicessi	
Lei/lui/lei			stesse			
noi		dessimo				
voi						faceste
loro				bevessero		

2 **Il congiuntivo trapassato** Complete each sentence with the correct past perfect subjunctive form of the verb in parentheses.

1. Sebbene _____ (piovere) tutta la notte, siamo andati a fare un picnic.

2. Non ho pagato l'elettricista perché credevo che l'_____ (fare) tu.

3. Non ho invitato Giovanna alla mia festa perché pensavo che _____ (partire) per l'Italia.

4. In montagna, benché noi _____ (camminare) molto, non ci sentivamo troppo stanchi.

5. Non abbiamo portato altre bottiglie di acqua perché pensavamo che voi _____ (bere) già abbastanza.

6. Sebbene (lei) non _____ (volere) studiare, Giulia aveva trovato un buon lavoro.

7. Il direttore non sapeva che i suoi figli l'_____ (chiamare) in ufficio perché la sua segretaria non gliel'aveva detto.

3 **Associare** Choose the most logical conclusion to each sentence starter.

_____ 1. Mi sembrava che a cena voi...

_____ 2. Se avessero comprato quella fattoria...

_____ 3. Pensavi che il tuo amico...

_____ 4. Gli avevamo regalato un bel libro...

_____ 5. Credevo che la gita nel deserto...

_____ 6. Quando non vi abbiamo visto arrivare, abbiamo pensato...

_____ 7. Alla fine abbiamo avuto l'impressione...

a. fosse andato al lago senza di te.

b. che aveste perso l'aereo.

c. fosse pericolosa.

d. che lei non fosse rimasta contenta del colloquio.

e. aveste mangiato troppo.

f. affinché potesse leggere mentre viaggiava.

g. ora potrebbero vivere felici in campagna.

© by Vista Higher Learning. All rights reserved. | **Unità 12** Workbook Activities | **183**

Nome _____   **Data** _____

4   **Quale verbo?** Circle the verb form that best completes each sentence.

1. È giusto che anche voi _____ una soluzione al problema.
   a. proponessi   b. proponiate   c. propongano
2. Non era possibile che la città _____ solo energia solare entro il 2000.
   a. usi   b. usassi   c. usasse
3. Credevo che la centrale nucleare _____ a causa dell'inquinamento.
   a. chiuda   b. fosse chiusa   c. chiudi
4. Dubitavamo che la legge _____ limitare l'effetto serra.
   a. potesse   b. potessi   c. potessero

5   **Cambiare** Rewrite each sentence, replacing the present indicative with the imperfect indicative and the present subjunctive with the imperfect subjunctive.

1. Aspettiamo che smetta di piovere prima di andare a fare una passeggiata.

   _____

2. Che cosa vuoi che io faccia per te?

   _____

3. Volete che io venga in macchina?

   _____

4. Comunque (*However*) vada il colloquio, Sergio ha un lavoro nell'ufficio del padre.

   _____

5. Non puoi immaginare quanto io sia felice di vederti.

   _____

6. Crediamo che il sole sorga dietro la montagna.

   _____

7. È necessario che tu faccia molti esercizi per imparare bene l'italiano.

   _____

6   **Congiuntivo passato o trapassato?** Create complete sentences with the cues given. Use the tense of the verb in the main clause to determine whether to use the past subjunctive or the past perfect subjunctive in the subordinate clause.

1. lui crede / tu / fare la tua parte per riciclare i rifiuti

   _____

2. era strano / i tuoi amici / non telefonare prima di venire

   _____

3. lui conosce bene l'Italia / sebbene / ci / essere una volta sola

   _____

4. mi sembrava / tu / non seguire le nostre indicazioni per arrivare fino alla baita

   _____

5. lui pensava / noi / non vedere quel film

   _____

6. è un peccato / voi / non arrivare all'appuntamento in orario

   _____

7. è inopportuno / lei / non svegliarsi in tempo per arrivare in ufficio alle 8.00

   _____

184   **Unità 12** Workbook Activities   © by Vista Higher Learning. All rights reserved.

Nome _____ Data _____

12B.2 Tense correlations with the subjunctive

1 **Il fine settimana** Complete this paragraph using the verbs from the list below.

abbia dato	chiedessimo	foste
avremmo potuto uscire	facessimo	foste andati

Se voi (1) _____ interessati, potrei organizzare una bella gita in montagna questo fine

settimana. Sarebbe bello che noi (2) _____ una lunga camminata. Se noi

(3) _____ alle nostre mamme di preparaci una buona cena, potremmo dormire alla baita.

È chiaro che se voi non (4) _____ a letto così tardi ieri sera, (5) _____ presto

stamattina. Allora, dov'è Giorgio? Non è ancora arrivato sebbene tu gli (6) _____ tutte

le indicazioni necessarie!

2 **Presente o imperfetto?** Decide whether each sentence requires the present or imperfect indicative in the main clause and write the correct form in the space provided.

1. Noi _____ (pensare) che Maria abbia già portato il cane dal veterinario.

2. Noi _____ (pensare) che Maria avesse già portato il cane dal veterinario.

3. Io _____ (credere) che vi abbiano chiamato per quel colloquio.

4. Io _____ (credere) che vi avessero chiamato per quel colloquio.

5. _____ (essere) necessario che il camion della nettezza passasse più volte al giorno.

6. _____ (essere) necessario che il camion della nettezza passi più volte al giorno.

7. Tu _____ (dubitare) che possiamo comprare una macchina nuova prima dell'estate.

8. Tu _____ (dubitare) che potessimo comprare una macchina nuova prima dell'estate.

9. _____ (sembrare) che fosse piovuto la notte prima perché il prato era bagnato.

10. _____ (sembrare) che sia piovuto la notte scorsa perché il prato è tutto bagnato.

11. Lui _____ (sperare) che vi foste divertiti a visitare la fattoria.

12. Lui _____ (sperare) che vi siate divertiti a visitare la fattoria.

3 **Completare** Choose the expression that most logically completes each sentence. Decide which indicative or conditional verb tense is needed, and write the correct form in the space provided.

aumentare lo smog	comprare solo prodotti biologici	fare una passeggiata
avere questi problemi	essere più pulita	perdere tempo

1. Se il camion della nettezza urbana porterà via i rifiuti, la città _____.

2. Se tutti prendessero la macchina, _____.

3. Se ti avesse ascoltato, Alessandra non _____ con quel colloquio.

4. Se avessi saputo che loro venivano a pranzo, io _____.

5. Se il sole non tramonterà troppo presto, noi _____ dopo cena.

6. Se il governo pensasse di più all'inquinamento, i cittadini non _____.

© by Vista Higher Learning. All rights reserved. **Unità 12** Workbook Activities **185**

4 **Trovate le conclusioni** Read each *if*-clause on the left and choose the independent clause on the right that most logically completes each sentence.

___ 1. Se non fate i vostri compiti, a. potremo mangiare i famosi spaghetti di Beppe.

___ 2. Se andiamo al ristorante stasera, b. aiuterete l'ambiente.

___ 3. Compriamo quella fattoria, c. lo porteremo in gita al lago.

___ 4. Se tuo cugino viene ad agosto, d. si arrabbierà con me.

___ 5. Se comprate una macchina ibrida, e. avrete dei brutti voti.

___ 6. Se non telefono a mia madre, f. dovremo chiedere soldi alla banca.

5 **Se solo...** Complete the captions for these illustrations with appropriate expressions. Pay attention to the tense correlation!

Modello
Se leggi questo libro per molto tempo, *ti faranno male gli occhi*.

1.

2.

3.

4.

5.

1. Se fumi (*you smoke*), _____.

2. Se avessi studiato per questo esame, _____.

3. Se non cerchiamo nuove fonti di energia, _____.

4. Se avessimo preso la giacca, _____.

5. Se andrai a letto presto stasera, _____.

Nome _____ **Data** _____

Unità 12   Avanti

PANORAMA

Workbook

1 **Quale regione?** Your friend is planning a visit to one of the six regions of the **Mezzogiorno**. Unscramble the names of the regions listed below and write them in the spaces provided. Then, write the letters corresponding to each number in the grid on the right to find out the name of the region your friend plans to visit.

CABTIASAIL   ⬜⬜⬜⬜⬜⬜⬜⬜⬜⬜
              5   3

MIELOS   ⬜⬜⬜⬜⬜⬜
             7

PILGAU   ⬜⬜⬜⬜⬜⬜   ⬜⬜⬜⬜⬜⬜⬜⬜
             2   1   2   3   4   5   6   7   8

BARZUZO   ⬜⬜⬜⬜⬜⬜⬜
        4   6

CMNAPAAI   ⬜⬜⬜⬜⬜⬜⬜⬜
        1   8

2 **Un dialogo** Loretta and Vincenzo are in Campania and are deciding which sights to visit today. Use the words listed below to complete their conversation.

| 1944 | eruzione | distrutto | Napoli | Pompei, Ercolano e Stabia | Vesuvio | vulcani |

VINCENZO Non ho mai visto il (1) _____. Mi piacerebbe fare una gita lassù (*up there*).

LORETTA Ma a me i (2) _____ fanno paura.

VINCENZO No, non ti preoccupare, il Vesuvio non è pericoloso. È in fase dormiente dal (3) _____.

LORETTA Ma so che l' (4) _____ del 79 d.C. è stata terribile e ha (5) _____ città intere.

VINCENZO Si, è vero, queste città erano (6) _____. Ma ora non ci sono problemi.

LORETTA Va bene, mi hai convinto. Però voglio anche visitare dei monumenti.

VINCENZO E se dopo il Vesuvio andassimo a visitare la città di (7) _____?

LORETTA Ottima idea. Andiamo!

3 **Rodolfo Valentino** What have you learned about Rodolfo Valentino? Test your knowledge by completing this paragraph.

È un (1) _____ molto famoso dell'inizio del Novecento. A quel tempo il cinema era

(2) _____. Rodolfo Valentino è nato in (3) _____ nel 1895.

Giovanissimo, a soli 18 anni, è partito per l'(4) _____. Come attore diventa un

idolo delle donne di tutto il mondo. Nel 1921 ha fatto uno dei suoi film più conosciuti,

(5) _____. È morto molto giovane nel (6) _____.

© by Vista Higher Learning. All rights reserved.   **Unità 12** Workbook Activities   **187**

Nome _____ **Data** _____

4 **Un questionario** Answer the following questions using complete sentences.

1. L'Italia è un buon produttore di olio d'oliva?

_____

2. Quali sono le regioni italiane che producono più olio?

_____

3. Cosa sono e dove si trovano Metaponto e Polidoro?

_____

4. Cosa vuol dire DOP?

_____

5. Qual è l'attrazione maggiore di Metaponto?

_____

6. Dove si trovano il Santuario di Demetra e il tempio di Dionisio?

_____

7. A che servono i trabucchi?

_____

8. Che cosa sono le alici, gli sgombri e le spigole?

_____

5 **Viaggio nel Sud** You are organizing a trip to the south of Italy. You will be traveling from North to South, and you want to visit all of the cities listed below. Write a logical itinerary, region by region, that includes all of the cities listed. Describe what you expect to see and do in each region, and what means of transportation you intend to use.

Bari	Isernia	Pescara
Campobasso	L'Aquila	Pisticci
Catanzaro	Lamezia Terme	Reggio Calabria
Chieti	Napoli	Salerno
Foggia	Matera	Taranto
Giugliano in Campania	Potenza	Termoli

_____

_____

_____

_____

_____

Unità 7 — Lezione 7A

CONTESTI

1 Descrivere Listen to each sentence and write its number below the drawing of the household item mentioned.

 (6)
a. la cassettiera

 (2)
b. il quadro

 (4)
c. la lampada

 (5)
d. il tappeto

 (1)
e. lo scaffale

 (3?)
f. la tenda

2 Identificare You will hear a series of words. Write the word that does not belong.

1. la doccia
2. il gabinetto
3. il seminterrato
4. il balcone
5. la parete
6. il vaso
7. il garage
8. la mansarda

3 Logico o illogico? You will hear some statements. Decide if they are **logico** or **illogico**.

	Logico	Illogico		Logico	Illogico
1.	✗	○	5.	○	✗
2.	○	✗	6.	✗	○
3.	○	✗	7.	✗	○
4.	✗	○	8.	○	✗

Nome _____ **Data** _____

PRONUNCIA E ORTOGRAFIA

I segni diacritici

da dà	**se sè**	**si sì**	**te tè**

In Italian, diacritical marks (**segni diacritici**) are an essential part of a word's spelling. They indicate how vowels are pronounced or distinguish between words with similar spellings but different meanings.

né... né	**affinché**	**benché**	**perché**

L'accento acuto (´) is sometimes used over the vowel **e** to indicate a closed _e_ sound, similar to the _e_ in the English word _they_. It is used in the words **né** (_neither_), **sé** (_self_), and with conjunctions ending in **-che**.

così	**è**	**là**	**andrò**

L'accento grave (`) indicates where the spoken stress falls, marks vocal emphasis on a vowel, differentiates between similarly spelled words, and is characteristic of certain forms of the future tense.

ciò	**giù**	**più**	**può**

L'accento grave is also used in certain monosyllabic words ending in two vowels. **L'accento grave** indicates that the spoken stress falls on the final vowel and that a diphthong is formed.

---

1 **Pronunciare** Ripeti le parole ad alta voce.

1. cioè	4. chissà	7. città	10. comodità
2. metà	5. finché	8. là	11. poiché
3. avrò	6. sé	9. dì	12. età

---

2 **Articolare** Ripeti le frasi ad alta voce.

1. Il suo papà vede il Papa.
2. Sì, voglio un tassì.
3. È vero! Andrò in Italia!
4. Hai già fatto i compiti?
5. La facoltà di lettere è lì.
6. Perché non può venire?

---

3 **Proverbi** Ripeti i proverbi ad alta voce.

1. Casa che ha il buon vicino, val più qualche fiorino.
2. In casa sua ciascuno è re.

---

4 **Dettato** You will hear eight sentences. Each sentence will be read twice. Listen carefully and write what you hear.

1. _Pulisco il soggiorno perchè arrivano i vicini._
2. _È facile trovare un appartamento (appartamento)_
3. _Puoi mettere il quadro là._
4. _Siamo andati in città venerdì._
5. _C'è una camera per me?_
6. _Prendo il caffè in cucina._
7. _Mi trasferisco perchè Roma è bella._
8. _Quanti bagni ha il bilocale?_

---

56 **Unità 7** Lab Activities © by Vista Higher Learning. All rights reserved.

Lab Manual

Nome _____ **Data** _____

STRUTTURE

7A.1 The *futuro semplice*

1 **Identificare** Listen to each sentence and write the infinitive of the verb you hear.

> **Modello**
>
> *You hear:* Affitteremo la nostra casa in estate.
> *You write:* <u>affittare</u>

1. _____ 3. _____ 5. _____ 7. _____

2. _____ 4. _____ 6. _____ 8. _____

2 **Completare** Listen to each statement and mark an **X** in the column of the verb you hear.

> **Modello**
>
> *You hear:* Non saremo a casa oggi pomeriggio.
> *You mark:* an **X** under **essere**

	andare	avere	essere	fare	vivere
Modello	_____	_____	X	_____	_____
1.	_____	_____	_____	_____	_____
2.	_____	_____	_____	_____	_____
3.	_____	_____	_____	_____	_____
4.	_____	_____	_____	_____	_____
5.	_____	_____	_____	_____	_____
6.	_____	_____	_____	_____	_____

3 **Scegliere** Listen to each question and choose the logical response.

1. a. Sì, verremo con piacere.   b. Sì, andremo da Nicola.
2. a. Noi puliremo la cucina.   b. Mangeremo in sala da pranzo.
3. a. Laura pulirà la sua stanza domani. b. Pulirò la mia stanza più tardi.
4. a. Li metterà in un vaso.   b. Comprerà i fiori per Anna.
5. a. Sì, ne compreranno uno nuovo.   b. Sì, cambieranno la cassettiera.
6. a. Pagherò 500 euro.   b. Comprerò un appartamento.

4 **Vero o falso?** Listen to Paolo and Lisa talk about their plans for tomorrow. Then read the statements below and decide whether they are **vero** or **falso**.

	Vero	Falso
1. Lisa comprerà un nuovo quadro.	○	○
2. Paolo non potrà aiutare Lisa.	○	○
3. Mangeranno insieme a casa di Lisa.	○	○
4. Paolo offrirà il gelato a Lisa.	○	○
5. Faranno una passeggiata in centro.	○	○
6. Ci sarà bel tempo.	○	○

© by Vista Higher Learning. All rights reserved.   **Unità 7** Lab Activities

7A.2 Usage of the *futuro semplice*

1 Trasformare Change each sentence you hear from the present to the future. Repeat the correct answer after the speaker. (*8 items*)

Modello

You hear: Carlo lavora qui vicino.
You say: Carlo lavorerà qui vicino.

2 Il futuro Look at the timeline, which shows future events in Sofia's life, and answer each question you hear. Then repeat the correct response after the speaker. (*6 items*)

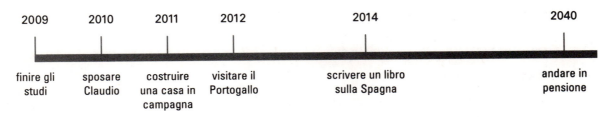

3 Domande Answer each question you hear using the cue provided. Repeat the correct answer after the speaker. (*6 items*)

Modello

You hear: Dov'è la tazza?
You see: nella credenza
You say: Sarà nella credenza.

1. alle otto e mezzo
2. Fabrizio
3. le tre
4. circa venti persone
5. al mare
6. un amico di Loredana

4 Completare Listen to each statement, then write the missing portion to complete each sentence below.

1. Appena _____, comprerò una nuova casa.
2. Quando _____, dovremo gridare (*shout*) tutti: «Auguri!».
3. Sarò contento se _____.
4. Potrò pulire meglio la mia casa quando _____.
5. Se _____ in quell'appartamento, avrai più spazio.
6. Ti telefonerò appena _____.

Nome _____ Data _____

7A.3 Double object pronouns

1 **Completare** Carlo is talking to his friend Laura about a party. Listen to what they say and write the missing words provided.

CARLO Venerdì prossimo è il compleanno di Giovanni e voglio organizzare una festa a sorpresa. Lui lavora quel giorno, così (1) _____ voglio fare sabato.

LAURA È un'ottima idea. Non ti preoccupare, non (2) _____ dirò. Se vuoi, posso portarlo al cinema mentre tu organizzi la festa.

CARLO D'accordo. Marcello mi ha dato delle idee per la musica e le bevande. (3) _____ ha date ieri al telefono.

LAURA Fantastico! Hai già pensato alla torta? (4) _____ posso fare io: la torta al cioccolato è la mia specialità!

CARLO Grazie, sei molto gentile. Giovanni ama il cioccolato!

LAURA E per il regalo?

CARLO (5) _____ comprerò oggi pomeriggio. Giovanni mi ha parlato di un maglione arancione che gli piace molto in un negozio vicino casa mia. (6) _____ prenderò lì.

LAURA Perfetto, l'arancione gli sta benissimo.

CARLO Bene, vado a fare compere. A più tardi!

LAURA A sabato, Carlo!

2 **Scegliere** Listen to each statement and choose the correct response.

1. a. Loro glieli hanno affittati.
   b. Loro glielo hanno affittato.

2. a. Lui me l'ha regalata.
   b. Lui gliel'ha regalato.

3. a. Lui glieli ha portati.
   b. Lui gliele ha portate.

4. a. Lui gliele ha preparate.
   b. Lui gliel'ha preparata.

5. a. Lui glieli ha riparati.
   b. Lui gliel'ha riparata.

6. a. Io te le dipingerò.
   b. Io te la dipingerò.

3 **Trasformare** Repeat each statement, replacing the direct and indirect object nouns with pronouns. Repeat the correct answer after the speaker. (*6 items*)

> **Modello**
> *You hear:* Ho fatto la domanda a Michele.
> *You say:* Gliel'ho fatta.

4 **Domande** Answer each question using the cue you hear. Repeat the correct answer after the speaker. (*6 items*)

> **Modello**
> *You hear:* Mi prestate la macchina? (no)
> *You say:* No, non te la prestiamo.

© by Vista Higher Learning. All rights reserved.

Unità 7 Lab Activities **59**

Lab Manual

Nome _____ Data _____

Unità 7 Lezione 7B

CONTESTI

1 **Logico o illogico?** Listen to each statement and indicate whether it is **logico** or **illogico**.

	Logico	Illogico
1.	○	○
2.	○	○
3.	○	○
4.	○	○
5.	○	○
6.	○	○
7.	○	○
8.	○	○

2 **Le faccende domestiche** Davide is a good housekeeper and does everything that needs to be done in the house. Listen to each statement and decide what he did. Then repeat the correct answer after the speaker. (*6 items*)

> **Modello**
> *You hear:* I vestiti erano sporchi.
> *You say:* Allora, ha fatto il bucato.

3 **Descrivere** Giulia has invited a few friends over. When her friends are gone, she goes into the kitchen. Look at the drawing and write a complete sentence to answer each question you hear.

1. _____
2. _____
3. _____
4. _____

60   Unità 7 Lab Activities   © by Vista Higher Learning. All rights reserved.

Nome _____ Data _____

PRONUNCIA E ORTOGRAFIA

Spelling changes to maintain the sound of *c* or *g*

cercare   incominciare   pagare   mangiare

Certain classes of Italian verbs have regular spelling changes in order to maintain the hard or soft *c* or *g* sound of the infinitive.

abbraccerete   cominci   mangerò   viaggiamo

In verbs ending in **-ciare** or **-giare**, the **i** is not stressed. It is dropped when the verb ending begins with **i** or **e**, to maintain the soft *c* or *g* sound.

scii   scieranno   spierai   spii

When the **i** of the infinitive stem is stressed, as in **sciare**, the **i** is not dropped.

giocheranno   indichi   spiegherà   pieghiamo

Verbs whose infinitive ends in **-care** or **-gare** require the addition of the letter **h** before adding a verb ending beginning with **e** or **i** in order to maintain the hard *c* or *g* sound.

---

1 **Pronunciare** Ripeti le parole ad alta voce.

1. pubblicherò
2. passeggeremo
3. invii
4. sporchiamo
5. incomincerai
6. ricercheranno
7. incoraggiamo
8. nevicherà
9. parcheggi
10. baci
11. mangiamo
12. festeggerete

---

2 **Articolare** Ripeti le frasi ad alta voce.

1. Parcheggerò la macchina.
2. Paghi il conto stasera?
3. Come spieghiamo l'incidente?
4. Scii abbastanza bene!
5. Cercheranno il libro domani.
6. Comincerà il lavoro a gennaio.

---

3 **Proverbi** Ripeti i proverbi ad alta voce.

1. Casa mia, casa mia, per piccina che tu sia, tu mi sembri una badia.
2. Casa sporca, gente aspetta.

---

4 **Dettato** You will hear eight sentences. Each sentence will be read twice. Listen carefully and write what you hear.

1. _____
2. _____
3. _____
4. _____
5. _____
6. _____
7. _____
8. _____

© by Vista Higher Learning. All rights reserved.   **Unità 7** Lab Activities

Nome _____ **Data** _____

STRUTTURE

7B.1 The informal imperative

1 **Identificare** Listen to each statement and write the infinitive of the verb you hear.

> **Modello**
>
> *You hear:* Lava i piatti!
> *You write:* lavare

1. _____   5. _____

2. _____   6. _____

3. _____   7. _____

4. _____   8. _____

2 **Trasformare** Change each command you hear to the negative. Repeat the correct answer after the speaker. (*8 items*)

> **Modello**
>
> *You hear:* Dammi il tuo libro.
> *You say:* Non mi dare il tuo libro.

3 **Insieme** Your friend does not feel like doing anything, and you suggest working together to accomplish some household tasks. Listen to each comment and then encourage him by using an affirmative **noi** command. Repeat the correct answer after the speaker. (*6 items*)

> **Modello**
>
> *You hear:* Non ho voglia di fare le faccende domestiche.
> *You say:* Facciamole insieme!

4 **Consigli** You will hear a conversation between Martina and Serafina. Give them four pieces of advice using the cues below. Use affirmative and negative commands.

1. (non passare) _____

2. (lavare) _____

3. (fare) _____

4. (non guardare) _____

Nome

Data

7B.2 The formal imperative

1 **Identificare** Listen to each statement. Then mark whether the command form you hear is **formale** or **informale**.

	Formale	Informale
1.	○	○
2.	○	○
3.	○	○
4.	○	○
5.	○	○
6.	○	○
7.	○	○
8.	○	○

2 **Trasformare** Change each command you hear from a **Lei** command to a **Loro** command. Repeat the correct answer after the speaker. (*8 items*)

> **Modello**
>
> *You hear:* Ascolti con attenzione.
> *You say:* Ascoltino con attenzione.

3 **Da informale a formale** Change each informal command you hear to a formal command. Change **tu** commands to **Lei** commands and **voi** commands to **Loro** commands. Repeat the correct answer after the speaker. (*8 items*)

> **Modello**
>
> *You hear:* Compra la tavola.
> *You say:* Compri la tavola.
>
> *You hear:* Comprate la tavola.
> *You say:* Comprino la tavola.

4 **Domande** Listen to each question. Then answer it using the cue you hear and a formal command form. Repeat the correct answer after the speaker. (*8 items*)

> **Modello**
>
> *You hear:* Devo apparecchiare la tavola? (sì)
> *You say:* Sì, apparecchi la tavola.
>
> *You hear:* Dobbiamo lavare i piatti? (sì)
> *You say:* Sì, lavino i piatti.

© by Vista Higher Learning. All rights reserved.

Unità 7 Lab Activities

63

Nome _____ **Data** _____

7B.3 Time expressions

1 **Scegliere** You will hear a series of statements. For each statement, choose the response below that best corresponds.

1. a. Ci vuole sempre molto tempo per stirare.
   b. Stirerai dopo aver lavato i piatti.
2. a. Deve fare il bucato.
   b. La sua stanza è un vero porcile!
3. a. Non ci sono molti piatti sporchi.
   b. Porto fuori la spazzatura.

4. a. Hai preparato molti piatti diversi.
   b. Andiamo al ristorante stasera.
5. a. Hai appena iniziato a fare la traduzione.
   b. È una traduzione difficile.
6. a. Non hai trovato i biglietti per il concerto.
   b. È stato un concerto molto lungo.

2 **Identificare** You will hear a sentence that has a beep in place of a missing time expression. Listen to the sentence, then circle the time expression that best completes the sentence. Repeat the correct answer after the speaker.

> **Modello**
>
> *You hear:* Perché ci sono _____ due ore per spazzare?
> *You see:* messe / volute
> *You circle:* volute
> *You say:* Perché ci sono volute due ore per spazzare?

1. da / per
2. durato / durante
3. da / durante
4. messo / voluto
5. dopo / prima di
6. per / da

3 **Mettere in ordine** Listen to each statement. Then write the order of occurrence of each action next to each verb provided.

> **Modello**
>
> *You hear:* Finisci le faccende prima di uscire con gli amici.
> *You see:* ___ uscire ___ finire
> *You write:* _2_ uscire _1_ finire

1. ___ lavare ___ portare
2. ___ spolverare ___ passare
3. ___ uscire ___ fare
4. ___ chiudere ___ uscire

5. ___ uscire ___ fare
6. ___ stirare ___ fare
7. ___ mangiare ___ bere
8. ___ lavare ___ sparecchiare

4 **Completare** Listen to each sentence. Then complete it below by writing in the missing verb form or forms.

1. _____ tre ore per stirare tutti i tuoi vestiti!
2. Se usi l'aspirapolvere invece della scopa, _____ tempo.
3. Il pranzo _____ tre ore e mezzo!
4. I ragazzi _____ il pomeriggio a guardare la TV.
5. _____ la mattina a pulire l'appartamento.
6. Quante ore _____ a cucinare?

64 **Unità 7** Lab Activities

© by Vista Higher Learning. All rights reserved.

Unità 8 — Lezione 8A

CONTESTI

1. Logico o illogico? Listen to each statement and decide whether it is **logico** or **illogico**.

	Logico	Illogico			Logico	Illogico
1.	○	○		5.	○	○
2.	○	○		6.	○	○
3.	○	○		7.	○	○
4.	○	○		8.	○	○

2. Scegliere Listen to each statement and choose the option that completes it logically.

1. a. Gli faranno una multa.
   b. Parcheggerà la macchina.

2. a. Noleggiamo una macchina.
   b. Facciamo controllare la frizione.

3. a. ...devo chiamare il controllore.
   b. ...devo convalidare il biglietto.

4. a. Vado dal meccanico.
   b. Vado in autostrada.

5. a. ...avevo superato il limite di velocità.
   b. ...non avevo fatto benzina.

6. a. ...era in panne.
   b. ...era bucata.

3. Descrivere For each picture below, you will hear three brief descriptions. Indicate whether each statement is **vero** or **falso** according to what you see.

	Vero	Falso
1. a.	○	○
b.	○	○
c.	○	○
2. a.	○	○
b.	○	○
c.	○	○

1.   2.

Nome _____ **Data** _____

PRONUNCIA E ORTOGRAFIA

Consonanti doppie

quello   **fanno**   **porre**   **passo**

In Italian, all consonants (except **q** and **h**) can be written as a single or double consonant. When a consonant is doubled, it is emphasized and held longer than a single consonant.

sono   **sonno**   **sete**   **sette**

It is important to pronounce single and double consonants correctly. Some words are differentiated only by the doubled consonant.

Dammeli!   **Dimmi!**   **Fallo!**   **Vacci!**

When object pronouns (except **gli**) are attached to the informal **tu** commands **da'**, **di'**, **fa'**, **sta'**, and **va'**, the initial consonant of the pronoun is doubled.

contraddire   **contrattempo**   **sopracciglio**   **soprattutto**

When forming compound words beginning with **contra-** (*against*) or **sopra-** (*above, over*), the initial consonant of the attached word is usually doubled.

1   Pronunciare Ripeti le parole ad alta voce.

1. sopravvivere	4. terra	7. fissare	10. spalla
2. mamma	5. farro	8. vero	11. dammi
3. latte	6. lettera	9. verrò	12. sanno

2   Articolare Ripeti le frasi ad alta voce.

1. Fammi un favore!
2. Quello è un libro molto interessante.
3. È stata una serata bellissima.
4. Sono solo le sette, ma ho sonno.
5. La ragazza chiama la mamma.
6. La nonna di Gianni prepara il caffè.

3   Proverbi Ripeti i proverbi ad alta voce.

1. Chi va e torna, fa buon viaggio.
2. Viaggiando e leggendo s'impara.

4   Dettato You will hear eight sentences. Each sentence will be read twice. Listen carefully and write what you hear.

1. _____
2. _____
3. _____
4. _____
5. _____
6. _____
7. _____
8. _____

66   **Unità 8** Lab Activities   © by Vista Higher Learning. All rights reserved.

Nome _____ **Data** _____

STRUTTURE

8A.1 Comparatives of equality

1 **Identificare** Listen to each statement and mark an **X** in the column of the comparative form you hear.

> **Modello**
>
> *You hear:* In questo bar ci sono tante ragazze quanti ragazzi.
> *You mark:* an **X** under **(tanto)… quanto**

	(così)… come	(tanto)… quanto		(così)… come	(tanto)… quanto
Modello	_____	__X__			
1.	_____	_____	5.	_____	_____
2.	_____	_____	6.	_____	_____
3.	_____	_____	7.	_____	_____
4.	_____	_____	8.	_____	_____

2 **Trasformare** Change each sentence you hear using a cue below. Repeat the correct response after the speaker.

> **Modello**
>
> *You hear:* Lorenzo corre tanto quanto Luca.
> *You see:* viaggiare
> *You say:* Lorenzo viaggia tanto quanto Luca.

1. studiare   3. bere   5. scrivere
2. suonare   4. frenare   6. vincere

3 **Comparazioni** Change each sentence you hear using the cue provided. Repeat the correct response after the speaker. (6 *items*)

> **Modello**
>
> *You hear:* Gina è tanto alta quanto Lucrezia. (carina)
> *You say:* Gina è tanto carina quanto Lucrezia.

4 **Domande** Answer each sentence you hear negatively, using a cue below. Repeat the correct response after the speaker.

> **Modello**
>
> *You hear:* A Napoli ci sono tante macchine quante a Roma?
> *You see:* motorini
> *You say:* No, ma a Napoli ci sono tanti motorini quanti a Roma.

1. controllori   3. quaderni   5. cani
2. fari   4. incidenti   6. barche

© by Vista Higher Learning. All rights reserved.   **Unità 8** Lab Activities   **67**

8A.2 Comparatives of inequality

1 Scegliere You will hear a series of descriptions. For each description, choose the statement below that expresses the correct comparison.

1. a. Io mi alzo meno presto di te.
   b. Io mi alzo più presto di te.
2. a. Giuseppe va in vacanza meno spesso di Emilio.
   b. Giuseppe va in vacanza più spesso di Emilio.
3. a. Alessio ha più CD di Piero.
   b. Piero ha più CD di Alessio.
4. a. Francesca è più bella di Daniela.
   b. Francesca è meno bella di Daniela.
5. a. Mauro va al cinema più spesso di Anna.
   b. Anna va al cinema più spesso di Mauro.
6. a. Matteo ha mangiato più pasta di Federico.
   b. Matteo ha mangiato meno pasta di Federico.

2 Paragonare Look at each drawing and answer the question you hear with a comparative statement. Repeat the correct response after the speaker.

1. Mario, Lucia   2. Francesco, Leonardo   3. Alice, Giovanna

3 Trasformare Respond negatively to each statement you hear using the comparative to say the opposite. Repeat the correct response after the speaker. (*6 items*)

> **Modello**
> *You hear:* Lo scooter è più veloce della macchina.
> *You say:* No, la macchina è più **veloce dello scooter.**

4 Comparazioni Listen to the two expressions you hear, then make a comparison using the cue provided below. Repeat the correct response after the speaker. (*6 items*)

> **Modello**
> *You hear:* il taxi / la metropolitana
> *You see:* veloce
> *You say:* Il taxi è più **veloce della metropolitana.**

1. buono   3. facile   5. comodo
2. costoso   4. gentile   6. sicuro

Nome _____ Data _____

8A.3 Superlatives

1 **Identificare** For each sentence you hear, indicate whether the superlative form used is a relative superlative (**superlativo relativo**) or an absolute superlative (**superlativo assoluto**).

	Superlativo relativo	Superlativo assoluto
1.	○	○
2.	○	○
3.	○	○
4.	○	○
5.	○	○
6.	○	○
7.	○	○
8.	○	○

2 **Descrivere** You will hear two statements for each drawing. Choose the one that corresponds to the drawing.

1. a.   b.   2. a.   b.   3. a.   b.   4. a.   b.

3 **Trasformare** Change each sentence you hear from a comparison to a superlative. Repeat the correct response after the speaker (*8 items*).

> **Modello**
> *You hear:* Roma è una città più bella di Milano.
> *You say:* Roma è la città più bella.

© by Vista Higher Learning. All rights reserved.

Unità 8 Lab Activities   69

Nome _____ Data _____

Unità 8   Lezione 8B

CONTESTI

1 **Identificare** You will hear a series of words. For each series, write the word that does not belong.

1. _____
2. _____
3. _____
4. _____
5. _____
6. _____
7. _____
8. _____

2 **Descrivere** You will hear two statements for each drawing. Choose the statement that corresponds to the drawing.

1. a.   b.   2. a.   b.   3. a.   b.

3 **All'agenzia di viaggi** Listen to this conversation between Adelina and a travel agent. Then, read the statements below and decide whether they are **vero** or **falso**.

	Vero	Falso
1. Adelina vuole informazioni per un viaggio in Spagna.	○	○
2. Adelina ama fare sport.	○	○
3. Adelina vuole andare a Lisbona e anche al mare.	○	○
4. Al sud non fa troppo caldo in estate.	○	○
5. Adelina vuole partire la prima settimana di luglio.	○	○
6. Al ritorno, l'aereo parte da Lisbona alle 17.30.	○	○
7. Per andare in treno da Lisbona al sud, ci vogliono due ore.	○	○
8. Il biglietto aereo costa 180 euro.	○	○

Nome _____   **Data** _____

PRONUNCIA E ORTOGRAFIA

The letters *d, l, p,* and *t*

dopo	mela	piccolo	tanto

In Italian, the consonants **d, l, p,** and **t** have a slightly different pronunciation than they do in English.

data	dico	dormire	sedia

The Italian **d** is voiced and pronounced by touching the tip of the tongue to the upper teeth, at the gum line. Unlike in English, the Italian **d** has no aspiration (audible breath) that follows.

largo	letto	libro	solo

The Italian **l** is pronounced in the front of the mouth. The tip of the tongue always touches the upper teeth when pronouncing **l** in Italian.

capo	Pisa	porta	prendo

The English *p* is often followed by a puff of air, but the Italian **p** is never aspirated.

canto	tivù	treno	tutto

Like **d**, the Italian **t** is pronounced with the tip of the tongue touching near the gum line of the upper teeth and is never aspirated. However, the **t** is voiceless.

---

1 **Pronunciare** Ripeti le parole ad alta voce.

1. tardi	4. lampada	7. edificio	10. dare
2. dire	5. paese	8. lunedì	11. tonno
3. passare	6. itinerario	9. foto	12. colazione

---

2 **Articolare** Ripeti le frasi ad alta voce.

1. Prendo il treno alle otto.
2. Il ragazzo di Lisa è di Torino.
3. Questo pane è duro!
4. La porta del duomo è chiusa.
5. Non trovo il dottore!
6. La lettera della zia è sul tavolo.

---

3 **Proverbi** Ripeti i proverbi ad alta voce.

1. Né di venere né di marte, non si sposa né si parte.
2. Chi si volta e chi si gira, sempre a casa va a finire.

---

4 **Dettato** You will hear eight sentences. Each sentence will be read twice. Listen carefully and write what you hear.

1. _____
2. _____
3. _____
4. _____
5. _____
6. _____
7. _____
8. _____

© by Vista Higher Learning. All rights reserved.   **Unità 8** Lab Activities   **71**

STRUTTURE

8B.1 The present conditional

1 Identificare Listen to each sentence and write the infinitive of the verb you hear.

Modello
You hear: Un'agente di viaggio ci aiuterebbe a scegliere la vacanza.
You write: **aiutare**

1. _____ 4. _____
2. _____ 5. _____
3. _____ 6. _____

2 Trasformare For each sentence you hear, form a new sentence using the cue provided as the subject. Repeat the correct response after the speaker. (6 *items*)

Modello
You hear: Noi avremmo più camere con bagno. (l'albergo)
You say: *L'albergo avrebbe più camere con bagno.*

3 Domande You will hear five questions about what different people would do on vacation. Answer each question based on the activity shown in the corresponding drawing. Repeat the correct answer after the speaker.

1. _____ 2. _____ 3. _____
4. _____ 5. _____

4 Completare Listen to Maurizio hypothesize about his next vacation and write the missing words below.

(1) _____ sicuramente all'estero. Mi (2) _____ visitare una grande capitale europea come Londra o Parigi insieme ai miei amici. Ma (3) _____ volentieri anche Budapest o Berlino. (4) _____ l'aereo da Roma e (5) _____ due settimane, così (6) _____ tempo di vedere tutto. Le visite della città (7) _____ la mattina presto per riposare il pomeriggio, così la sera (8) _____ a conoscere la vita notturna della città.

8B.2 The past conditional

1 **Identificare** Listen to each sentence and indicate with an **X** whether it uses the present conditional (**condizionale presente**) or the past conditional (**condizionale passato**).

	Condizionale presente	Condizionale passato
1.		
2.		
3.		
4.		
5.		
6.		
7.		
8.		

2 **Trasformare** Change each sentence you hear from the present conditional to the past conditional. Repeat the correct response after the speaker. (*8 items*)

> **Modello**
>
> *You hear:* Gianluca prenderebbe l'autostrada.
> *You say:* Gianluca avrebbe preso l'autostrada.

3 **Domande** Answer each question you hear using the cue provided. Repeat the correct response after the speaker.

> **Modello**
>
> *You hear:* Cosa avrebbe letto Amelia in spiaggia?
> *You see:* un romanzo
> *You say:* Amelia avrebbe letto un romanzo in spiaggia.

1. in Egitto
2. una maglietta
3. alle undici e trenta
4. con Manuela
5. in un albergo
6. alla dogana

4 **Rispondere** Listen to each question, then answer it using the cue provided. Repeat the correct response after the speaker. (*8 items*)

> **Modello**
>
> *You hear:* Chi sarebbe andato a sciare in Italia per le vacanze? (Anna e Laura)
> *You say:* Anna e Laura sarebbero andate a sciare in Italia per le vacanze.

© by Vista Higher Learning. All rights reserved.

Unità 8 Lab Activities

Nome _____ **Data** _____

8B.3 *Dovere, potere,* and *volere* in the conditional

1 **Identificare** For each sentence you hear, indicate with an **X** whether the forms of **dovere**, **potere**, and **volere** are in the present conditional (**condizionale presente**) or the past conditional (**condizionale passato**).

	Condizionale presente	Condizionale passato
1.	_____	_____
2.	_____	_____
3.	_____	_____
4.	_____	_____
5.	_____	_____
6.	_____	_____
7.	_____	_____
8.	_____	_____

2 **Scegliere** Listen to each sentence and place an **X** in front of the verb you hear in the corresponding item below.

> **Modello**
>
> *You hear:* Potremmo fare il ponte.
> *You see:* _____ potremmo _____ avremmo potuto
> *You put an* **X** *next to:* potremmo

1. _____ vorrei   _____ avrei voluto
2. _____ dovrebbe   _____ sarebbe dovuta
3. _____ vorrebbero   _____ avrebbero voluto
4. _____ potreste   _____ avreste potuto
5. _____ potremmo   _____ avremmo potuto
6. _____ dovrebbe   _____ avrebbe dovuto
7. _____ potrei   _____ avrei potuto
8. _____ potresti   _____ avresti potuto

3 **Trasformare** Listen to each present-tense sentence, then use the English cue below to transform it into a sentence using **dovere**, **potere**, or **volere**. Repeat the correct response after the speaker.

> **Modello**
>
> *You hear:* Voglio fare una crociera.
> *You see:* would like
> *You say:* Vorrei fare una crociera.
>
> *You hear:* Voglio fare una crociera.
> *You see:* would have liked
> *You say:* Avrei voluto fare una crociera.

1. should   5. could   9. would like
2. should have   6. could have   10. would have liked
3. should   7. could   11. would like
4. should have   8. could have   12. would have liked

Nome _____ Data _____

Unità 9
Lezione 9A

CONTESTI

1 **Logico o illogico?** Listen to each sentence and indicate whether it is **logico** or **illogico**.

	Logico	Illogico
1.	○	○
2.	○	○
3.	○	○
4.	○	○
5.	○	○
6.	○	○
7.	○	○
8.	○	○

2 **Nel parco** Look at the drawing and listen to each statement. Indicate whether each statement is **vero** or **falso**.

	Vero	Falso
1.	○	○
2.	○	○
3.	○	○
4.	○	○
5.	○	○
6.	○	○

3 **Completare** Listen as Raffaele gives directions from his apartment in the center of town to a large park nearby. As you listen, write the missing words below.

Per andare al parco da casa mia, seguite la (1) _____ fino alla

(2) _____. Poi (3) _____ a destra e continuate ad andare diritto fino

al primo (4) _____. Girate a sinistra, attraversate il (5) _____

e andate diritto. Quando arrivate alla fontana, girate a destra e (6) _____ fino alla

(7) _____: l'entrata del parco è di (8) _____ alla fontana.

© by Vista Higher Learning. All rights reserved. Unità 9 Lab Activities **75**

Nome _____ **Data** _____

PRONUNCIA E ORTOGRAFIA

Parole affini I

ability	*abilità*	*foundation*	*fondazione*

Cognates, or **parole affini**, are words in different languages that share a common origin and similar form. Learning the relationship between word endings in Italian and English will help you recognize cognates and expand your vocabulary in Italian.

famiglia	**farmacia**	**dignitario**	**biologia**
family	*pharmacy*	*dignitary*	*biology*

Words ending in **-ia** and **-io** in Italian are often equivalent to words ending in *-y* in English. The suffix **-ia** is used in many words that describe a field of study.

città	**comunità**	**specialità**	**università**
city	*community*	*speciality*	*university*

Words ending in **-tà** in Italian are often equivalent to words ending in *-ty* in English.

coincidenza	**pazienza**	**sentenza**	**violenza**
coincidence	*patience*	*sentence*	*violence*

Words ending in **-nza** in Italian are often equivalent to words ending in *-nce* in English.

attenzione	**comunicazione**	**menzione**	**nazione**
attention	*communication*	*mention*	*nation*

Words ending in **-zione** in Italian are often equivalent to words ending in *-tion* in English.

1 **Pronunciare** Ripeti le parole ad alta voce.

1. qualità	4. mentalità	7. essenza	10. frammentario
2. finanza	5. qualificazione	8. semplicità	11. affinità
3. azione	6. frazione	9. trigonometria	12. trilogia

2 **Articolare** Ripeti le frasi ad alta voce.

1. La farmacia è in centro.
2. È più importante la qualità o la quantità?
3. Hai studiato per l'esame di psicologia?
4. È necessario dormire otto ore.
5. Abbia pazienza, per favore!
6. Il negozio fa una promozione questa settimana.

3 **Proverbi** Ripeti i proverbi ad alta voce.

1. Chi va piano, va sano e va lontano.
2. Onestà con gentilezza, supera ogni bellezza.

4 **Dettato** You will hear eight sentences. Each sentence will be read twice. Listen carefully and write what you hear.

1. _____
2. _____
3. _____
4. _____
5. _____
6. _____
7. _____
8. _____

76 **Unità 9** Lab Activities   © by Vista Higher Learning. All rights reserved.

Nome _____ **Data** _____

STRUTTURE

9A.1 *Si impersonale* and *si passivante*

1 **Identificare** Listen to each statement and indicate whether it contains the **si impersonale** or the **si passivante**.

	Si impersonale	Si passivante
1.	○	○
2.	○	○
3.	○	○
4.	○	○
5.	○	○
6.	○	○
7.	○	○
8.	○	○

2 **Rispondere** Listen to each question, then choose the response that best answers it.

1. a. No, si va al negozio all'angolo.
   b. No, si telefona al sindaco.
2. a. Sì, si cucina tutti insieme a casa.
   b. Sì, si mangia fuori casa questa sera.
3. a. Sì, e poi si deve girare a sinistra.
   b. Sì, per andare in piazza Verdi si deve nuotare.
4. a. Perché ci si deve fermare al semaforo rosso.
   b. Perché si va verso il parco.
5. a. No, si deve comprare il giornale.
   b. No, si deve andare a destra.
6. a. Si va a ballare in discoteca.
   b. Si prosegue diritto fino alla piazza.

3 **Trasformare** Listen to each sentence. Then use the cue below to change it into a new sentence. Repeat the correct response after the speaker.

> **Modello**
>
> *You hear:* Si nuota spesso in estate.
> *You see:* viaggiare
> *You say:* Si viaggia spesso in estate.

1. fotografare
2. cucinare
3. prendere
4. capire
5. costruire
6. proseguire

4 **Domande** Listen to each question. Then answer it using the cue provided and a form of the **si passivante**. Repeat the correct answer after the speaker.

> **Modello**
>
> *You hear:* Dove compro le riviste?
> *You see:* al chiosco
> *You say:* Si comprano le riviste al chiosco.

1. sulle strisce pedonali
2. al centro commerciale
3. al museo
4. dopo pranzo
5. con Adele
6. a casa

© by Vista Higher Learning. All rights reserved.

Unità 9 Lab Activities

77

Lab Manual

Nome _____ Data _____

9A.2 Relative pronouns

1 **Identificare** Listen to each statement and mark an **X** in the column of the relative pronoun you hear.

> **Modello**
>
> *You hear:* È la macchina che preferisco.
> *You mark:* an **X** under **che**

	che	chi	cui	quello che	ciò che	dove
Modello	X					
1.						
2.						
3.						
4.						
5.						
6.						
7.						
8.						

2 **Riempire** You will hear incomplete sentences. Choose the correct ending for each sentence you hear.

1. a. ...c'è la stazione di servizio.
   b. ...il vigile ti ha indicato.
2. a. ...è molto bella.
   b. ...si trova la statua di Garibaldi.
3. a. ...attraversano i bambini.
   b. ...non funziona.
4. a. ...attraversa la strada.
   b. ...il semaforo è rosso.
5. a. ...è in centro a Roma.
   b. ...abbiamo incontrato Paolo.
6. a. ...sei partito quest'estate?
   b. ...ti hanno regalato i tuoi genitori?

3 **Completare** Listen to Paola talk about where she goes in the town center and write the missing relative pronouns in your lab manual.

Adoro andare in centro il sabato pomeriggio! Incontro le mie amiche Gianna e Anita, (1) _____ conosco dai tempi del liceo, in piazza San Giovanni, di fronte alla chiesa (2) _____ ho sposato mio marito Antonio. Poi andiamo a prendere un caffè insieme al bar all'angolo, (3) _____ andavamo anche ai tempi della scuola. È bello chiacchierare con loro di quello (4) _____ abbiamo fatto durante la settimana: Gianna e Anita sono le uniche persone (5) _____ posso parlare dei miei problemi. Dopo il caffè, andiamo a fare compere nei negozi (6) _____ ci piacciono. Il nostro pomeriggio finisce al piccolo parco (7) _____ si trova di fronte alla piazza. Lì ci riposiamo e rilassiamo fino all'ora (8) _____ dobbiamo tornare a casa.

4 **Trasformare** You will hear two sentences. Form a new sentence using a relative pronoun. Repeat the correct answer after the speaker. (*8 items*)

> **Modello**
>
> *You hear:* La statua è caduta. Hanno messo la statua nel parco due mesi fa.
> *You say:* La statua che hanno messo nel parco due mesi fa è caduta.

78 **Unità 9** Lab Activities © by Vista Higher Learning. All rights reserved.

Nome _____ **Data** _____

Unità 9
Lezione 9B

CONTESTI

1 Categorie Listen to the statements that follow. Put an **X** under the name of the place each statement implies in the chart below.

	Posta	Banca	Fiorista	Lavanderia	Videoteca	Profumeria
1.						
2.						
3.						
4.						
5.						
6.						
7.						
8.						

2 Luoghi Look at the drawing below and listen to Chiara's description of her day. During each pause, look at the map and identify the name of the place she went to. Then write it on the line provided. The first one has been done for you.

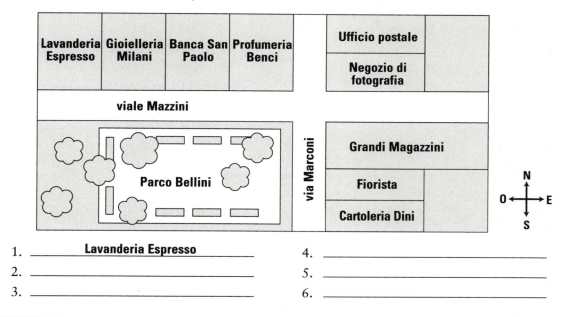

1. ____Lavanderia Espresso____   4. _____
2. _____   5. _____
3. _____   6. _____

3 Rispondere Look at the map in Activity 2 above while you listen to the questions that follow. Answer each question in a complete sentence, based on what you see in the map. Repeat the correct response after the speaker. (*6 items*)

Modello
You hear: C'è una lavanderia in via Marconi?
You say: No, c'è una lavanderia in viale Mazzini.

| di fronte a | tra |
| in | vicino a |

© by Vista Higher Learning. All rights reserved.

Unità 9 **Lab Activities** 79

Nome _____   **Data** _____

PRONUNCIA E ORTOGRAFIA

Parole affini II

essenziale	**naturale**	**parziale**	**speciale**
essential	*natural*	*partial*	*special*

Italian words ending in **-ale** are often equivalent to English words ending in *-al*.

ciclista	**ottimista**	**pianista**	**specialista**
cyclist	*optimist*	*pianist*	*specialist*

Italian words ending in **-ista** are often equivalent to English words ending in *-ist*.

caratterizzare	**economizzare**	**organizzare**	**simpatizzare**
characterize	*economize*	*organize*	*sympathize*

Italian words ending in **-izzare** are often equivalent to English words ending in *-ize*.

famosa	**geloso**	**generoso**	**nervosa**
famous	*jealous*	*generous*	*nervous*

Italian words ending in **-oso/a** are often equivalent to English words ending in *-ous*.

---

1   **Pronunciare** Ripeti le parole ad alta voce.

1. delizioso
2. finalizzare
3. oculista
4. abituale
5. artificioso
6. linguista
7. collegiale
8. specializzare
9. glorioso
10. editoriale
11. pessimista
12. invidiosa

---

2   **Articolare** Ripeti le frasi ad alta voce.

1. L'esame finale sarà difficile.
2. Posso italianizzare questa parola inglese?
3. Vai dal dentista oggi.
4. Questo risotto è delizioso.
5. È famoso questo libro?
6. Perché dovete analizzare tutto?

---

3   **Proverbi** Ripeti i proverbi ad alta voce.

1. A mente curiosa e sagace il troppo riposo non piace.
2. È meglio pagare e poco avere che molto avere e sempre dovere.

---

4   **Dettato** You will hear eight sentences. Each sentence will be read twice. Listen carefully and write what you hear.

1. _____
2. _____
3. _____
4. _____
5. _____
6. _____
7. _____
8. _____

---

80   **Unità 9** Lab Activities   © by Vista Higher Learning. All rights reserved.

Nome _____ **Data** _____

STRUTTURE

9B.1 Indefinite words

1 **Identificare** Listen to each sentence, then in the chart below, mark an **X** under the indefinite adjective or pronoun you heard.

	ogni	ognuno/a	qualche	qualcuno/a	quanto/a/i/e	qualcuno/a
1.						
2.						
3.						
4.						
5.						
6.						
7.						
8.						

2 **Scegliere** Listen to each sentence and indicate if the indefinite word you hear is an adjective (**aggettivo indefinito**) or a pronoun (**pronome indefinito**).

	Aggettivo indefinito	Pronome indefinito			Aggettivo indefinito	Pronome indefinito
1.	○	○		5.	○	○
2.	○	○		6.	○	○
3.	○	○		7.	○	○
4.	○	○		8.	○	○

3 **Trasformare** Listen to each sentence and use the cue provided below to transform it into a new sentence. Then repeat the correct answer after the speaker.

> **Modello**
>
> *You hear:* Ho comprato alcuni francobolli.
> *You see:* riviste
> *You say:* Ho comprato alcune riviste.

1. gioielleria
2. pacchi
3. collane

4. quadri
5. bar
6. persone

7. dolci
8. statue

4 **Domande** Listen to each question and answer it affirmatively, using an indefinite pronoun. Repeat the correct response after the speaker. (*8 items*)

> **Modello**
>
> *You hear:* Hai preso tutti i soldi?
> *You say:* Sì, li ho presi tutti.

© by Vista Higher Learning. All rights reserved.

Unità 9 Lab Activities

81

Nome _____ **Data** _____

9B.2 Negative expressions

1 **Identificare** Listen to the sentences that follow. For each sentence, choose the negative expression you heard from the ones below.

1. a. non... ancora   b. non... più

2. a. non... neppure   b. non... nessuno

3. a. non... mai   b. non... più

4. a. non... affatto   b. non... niente

5. a. non... nessuno   b. non... nemmeno

6. a. non... ancora   b. non... mai

7. a. non... nessuno   b. non... più

8. a. non... affatto   b. non... ancora

2 **Trasformare** Change each sentence you hear to say the opposite. Repeat the correct answer after the speaker. (*6 items*)

> **Modello**
>
> *You hear:* Vado sempre in questa banca.
> *You say:* Non vado mai in questa banca.

3 **Domande** Answer each question you hear in the negative. Repeat the correct response after the speaker. (*6 items*)

> **Modello**
>
> *You hear:* Avete conosciuto qualcuno oggi?
> *You say:* No, non abbiamo conosciuto nessuno oggi.

4 **Programmi** Listen to the phone conversation between Stefano and Elettra. Then decide whether each of the following statements is **vero** or **falso**.

	Vero	Falso
1. Elettra non ha ancora preso i biglietti.	○	○
2. Stefano non ha mai visto l'*Aida* al teatro.	○	○
3. Stefano ha già un altro appuntamento.	○	○
4. Un biglietto per l'*Aida* non costa tanto.	○	○
5. A Elettra non piace affatto guidare la sera.	○	○
6. Elettra non fa mai aspettare Stefano.	○	○

82 **Unità 9** Lab Activities

© by Vista Higher Learning. All rights reserved.

Nome _____ Data _____

Unità 10

Lezione 10A

CONTESTI

1 Definizioni You will hear some definitions. For each definition, write the letter of the word being defined.

1. _____   5. _____   a. l'applauso   e. lo spettatore
2. _____   6. _____   b. l'intervallo   f. la ballerina
3. _____   7. _____   c. il regista   g. il personaggio
4. _____   8. _____   d. il concerto   h. l'orchestra

2 Identificare Circle the words that are logically associated with each word you hear.

1. poltrona   gruppo rock   tragedia
2. flauto   teatro   concerto
3. spettatore   drammaturgo   chitarrista
4. debutto   assolo   poltrona
5. pubblico   applauso   tragedia
6. cantante   compositore   attore

3 Gli artisti You will hear six statements. Listen to each statement and write its number below the illustration it describes. Some illustrations will have more than one number.

 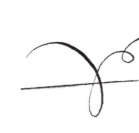  

a. _____   b. _____   c. _____

© by Vista Higher Learning. All rights reserved.   Unità 10 Lab Activities   83

Nome _____ **Data** _____

PRONUNCIA E ORTOGRAFIA

Elision and the *d eufonica*

all'ultimo	dov'è	quest'anno	un'idea

In Italian, letters are sometimes dropped or left out in order to ease pronunciation. This is called *elision*.

l'albero	l'ho	d'Italia	un'amica

Elision occurs most commonly when a word that ends in a vowel precedes a word that begins with a vowel sound. The elided vowel is often replaced with an apostrophe.

le Alpi	le amiche	le università	le uova

Elision does not occur when the definite article **le** precedes a noun that begins with a vowel sound.

andar bene	farlo	dottor Bianchi	signor Rossi

Often the final **-e** of infinitives and masculine titles is dropped in Italian. When this occurs, the dropped vowel is not replaced by an apostrophe.

ad esempio	ad un amico	ed è	ed io

To make pronunciation clearer, the letter **d** is often added to the Italian words **a** and **e** (and sometimes **o**) when they precede a word beginning with a vowel, especially when that word begins with the same vowel. This added letter is called the **d eufonica**. Note that the **d eufonica** is never added to the verb **è**.

---

1   **Pronunciare** Ripeti le espressioni ad alta voce.

1. l'aria	4. com'è	7. portarla	10. ad Atene
2. ed oltre	5. le isole	8. l'hanno	11. dottor Perilli
3. buon'idea	6. aver fatto	9. c'è	12. dell'universo

---

2   **Articolare** Ripeti le frasi ad alta voce.

1. Il signor Ricci è dall'amico.
2. Penso di poter venire con voi domani.
3. Scriviamo un'altra volta ad un esperto.
4. C'è un'automobile blu a casa tua.
5. L'ho visto stasera con Marco ed Alberto.
6. Potrebbe andar bene o potrebbe andar male.

---

3   **Proverbi** Ripeti i proverbi ad alta voce.

1. Cambiano i suonatori ma la musica è sempre quella.
2. Chi ben comincia è a metà dell'opera.

---

4   **Dettato** You will hear eight sentences. Each sentence will be read twice. Listen carefully and write what you hear.

1. _____
2. _____
3. _____
4. _____
5. _____
6. _____
7. _____
8. _____

---

84   **Unità 10** Lab Activities   © by Vista Higher Learning. All rights reserved.

Nome _____   Data _____

STRUTTURE

10A.1 Infinitive constructions

1 **Identificare** You will hear eight sentences containing infinitive constructions. Write **a** if the conjugated verb takes **a** before an infinitive, **di** if it takes **di** before an infinitive, and **X** if it takes no preposition before an infinitive.

1. _____   3. _____   5. _____   7. _____

2. _____   4. _____   6. _____   8. _____

2 **Scegliere** You will hear some statements with a beep in place of the preposition. Decide which preposition should go in place of the beep.

	a	di			a	di
1.	○	○	5.		○	○
2.	○	○	6.		○	○
3.	○	○	7.		○	○
4.	○	○	8.		○	○

3 **Completare** You will hear incomplete sentences. Choose the correct ending for each sentence.

1. a. ...a arrivare in tempo per il concerto.
   b. ...di imparare a suonare il clarinetto.

2. a. ...a preparare il debutto della commedia.
   b. ...di scrivere una nuova commedia.

3. a. ...a parlar male del mio gruppo rock.
   b. ...di rovinare (*ruin*) il mio debutto.

4. a. ...di avere successo con la loro tragedia.
   b. ...a fare un bel concerto.

5. a. ...di tornare al vostro posto dopo l'intervallo.
   b. ...a portare il sassofono e la chitarra.

6. a. ...a cantare con me?
   b. ...di guardare l'opera?

4 **Domande** Answer each question you hear in the affirmative using the cue below. Repeat the correct response after the speaker.

> **Modello**
>
> *You hear:* Avete provato?
> *You see:* suonare il pianoforte
> *You say:* Sì, abbiamo provato a suonare il pianoforte.

1. applaudire
2. studiare i nostri ruoli
3. cantare nel nostro coro
4. suonare con il gruppo

5. portare il flauto
6. mettere in scena lo spettacolo
7. ascoltare l'orchestra
8. sbagliare davanti al pubblico

Lab Manual

© by Vista Higher Learning. All rights reserved.   **Unità 10** Lab Activities   **85**

Nome _____ Data _____

10A.2 Non-standard noun forms

1 **Identificare** Listen to each noun you hear and write it in the correct category of the chart.

	Solo maschile	Maschile al singolare / femminile al plurale	Maschile o femminile
1.	_____	_____	_____
2.	_____	_____	_____
3.	_____	_____	_____
4.	_____	_____	_____
5.	_____	_____	_____
6.	_____	_____	_____
7.	_____	_____	_____
8.	_____	_____	_____

2 **Maschile o femminile?** Listen to each sentence and indicate whether the noun you hear is masculine (**maschile**) or feminine (**femminile**).

	Maschile	Femminile		Maschile	Femminile
1.	○	○	5.	○	○
2.	○	○	6.	○	○
3.	○	○	7.	○	○
4.	○	○	8.	○	○

3 **Trasformare** Listen to each sentence and use the cue to create a new sentence. Repeat the correct answer after the speaker. (6 *items*)

> **Modello**
>
> *You hear:* Lorenzo ha scritto questo poema. (drammi)
> *You say:* Lorenzo ha scritto questi drammi.

4 **Domande** Listen to each question and use the cue provided to answer it. Repeat the correct response after the speaker.

> **Modello**
>
> *You hear:* Chi è Lina Wertmüller?
> *You see:* regista
> *You say:* Lina Wertmüller è una regista.

1. poema
2. orecchie
3. uova
4. problema
5. giornalista
6. musicista

Lab Manual

86   **Unità 10** Lab Activities   © by Vista Higher Learning. All rights reserved.

Nome _____ Data _____

Unità 10　　　　　　　　　　　　　　　Lezione 10B

CONTESTI

1 **Logico o illogico?** Listen to each statement and indicate whether it is **logico** or **illogico**.

	Logico	Illogico		Logico	Illogico
1.	○	○	5.	○	○
2.	○	○	6.	○	○
3.	○	○	7.	○	○
4.	○	○	8.	○	○

2 **Identificare** You will hear two statements for each drawing. Choose the statement that corresponds to the drawing.

1. a.　　b.　　　　2. a.　　b.　　　　3. a.　　b.

3 **Il festival dell'arte** Listen to the announcement about an arts festival taking place this weekend. Then answer the questions below.

1. Chi è Leonardo Fabbri? _____
2. Che cosa proietteranno alla sala cinema? _____
3. Che cosa ci sarà tutte le sere al Teatro Sant'Anna? _____
4. Che cos'è *Il viaggio del soldato*? _____
5. Che strumento suona Tommaso Sala? _____
6. Chi è Adele Romanelli? _____

Nome _____ **Data** _____

PRONUNCIA E ORTOGRAFIA

Punctuation

Penso di sì.	**10.000**	**$1.000.250,90**	**23.15**

In Italian, **il punto** (.) is used, as in English, at the end of a statement and indicates a lengthy pause. In addition, Italian style uses a period instead of a comma in numbers 1,000 and above. A period can also be used to indicate time on the 24-hour clock.

Alla fine, ...	**Sì, è quello.**	**3,5**	**€20,27**

La virgola (,) is used to indicate a shorter pause within a phrase and is used more often in Italian than in English. Commas are also used in the place of a decimal point to indicate fractions.

È bello, alto e simpatico.	**Ci vogliono farina, acqua e zucchero.**

In Italian, a comma is not used before the final item of a series.

«Certo», ha detto.	**Questo "fatto" è sbagliato.**	**È facile dire «Ciao»?**

In Italian, **le virgolette** may be **basse** (« ») or **alte** (" "). As in English, they are used to indicate direct quotations, to highlight a particular term, or to indicate the idiomatic use of a word. Place ending punctuation and commas outside quotation marks unless they are part of what is being quoted.

La ragazza ha chiesto: — È questo il posto?

— Sì, è questo, — ha risposto suo fratello.

Quotation marks can be replaced with **una lineetta** (—) in dialogues.

---

1 **Punteggiatura** Riscrivi le frasi con la punteggiatura giusta.

1. Gli studenti hanno chiesto Quali sono i compiti per domani
2. Sì spiega il ragazzo ci sono 25000 persone in lista
3. Metto in valigia un vestito delle scarpe e un libro
4. La camera diventa silenziosa
   Silvia dice Marco ci sei
   Sì Silvia eccomi

---

2 **Articolare** Ripeti le frasi con la loro punteggiatura ad alta voce.

1. «No», ha detto, «non li ho visti».
2. Ci vuole una virgola dopo la parola "bello".
3. Il film comincia alle 20.35.
4. —È troppo tardi.   —No, arriveremo in tempo.
5. Questo romanzo costa €10,40.
6. Abbiamo già visto il programma «Now».

---

3 **Proverbi** Ripeti i proverbi ad alta voce.

1. Oggi a te, domani a me.
2. Chi ha arte per tutto ha parte.

---

4 **Dettato** You will hear eight sentences. Each sentence will be read twice. Listen carefully and write what you hear.

1. _____
2. _____
3. _____
4. _____
5. _____
6. _____
7. _____
8. _____

---

88 **Unità 10** Lab Activities   © by Vista Higher Learning. All rights reserved.

Nome _____ Data _____

STRUTTURE

10B.1 The gerund and progressive tenses

1 **Identificare** Listen to each sentence and indicate with an **X** whether it is taking place in the present (**presente**) or the past (**passato**).

	Presente	Passato		Presente	Passato
1.	_____	_____	5.	_____	_____
2.	_____	_____	6.	_____	_____
3.	_____	_____	7.	_____	_____
4.	_____	_____	8.	_____	_____

2 **Trasformare** Listen to each statement you hear and change it to the **forma progressiva**. Repeat the correct response after the speaker. (*8 items*)

> **Modello**
>
> *You hear:* Il pittore lavora a casa.
> *You say:* Il pittore sta lavorando a casa.

3 **Domande** Listen to each question and answer it using the cue provided and the **forma progressiva**. Repeat the correct response after the speaker.

> **Modello**
>
> *You hear:* Stavano leggendo?
> *You see:* scrivere
> *You say:* No, stavano scrivendo.

1. scolpire
2. ascoltare
3. leggere
4. studiare

5. tradurre
6. bere
7. passeggiare
8. scrivere

4 **Modificare** Listen to each sentence and cue. Then use the cue to create a new sentence. Repeat the correct answer after the speaker. (*8 items*)

> **Modello**
>
> *You hear:* Antonio sta camminando. (Marco e Laura)
> *You say:* Marco e Laura stanno camminando.
>
> *You hear:* Stavo mangiando. (Loro)
> *You say:* Stavano mangiando.

© by Vista Higher Learning. All rights reserved. **Unità 10** Lab Activities **89**

Nome _____ **Data** _____

10B.2 Ordinal numbers and suffixes

1 **Identificare** Circle the cardinal number that corresponds to each ordinal number you hear.

1. 18   82   86   7. 25   24   44

2. 50   15   5   8. 61   31   71

3. 38   28   84   9. 83   56   53

4. 90   18   19   10. 13   16   20

5. 70   17   60   11. 88   48   41

6. 96   86   16   12. 9   29   8

2 **Mettere in ordine** Listen as Faustino describes his day. Then put the following activities in order by writing the appropriate ordinal number next to each one.

1. prenotare un tavolo al ristorante _____

2. andare al mercato _____

3. incontrare Federica _____

4. cucinare _____

5. comprare un regalo per Federica _____

6. leggere un romanzo di Calvino _____

7. andare in discoteca _____

8. pulire la stanza _____

9. fare colazione _____

10. vestirsi _____

11. fare la doccia _____

12. fare una passeggiata _____

3 **Sequenze** For each sequence of ordinal numbers you hear, write the next ordinal number in the sequence.

1. _____   5. _____

2. _____   6. _____

3. _____   7. _____

4. _____   8. _____

4 **Scrivere** Listen to each sentence and write down the word with the suffix.

1. _____   5. _____

2. _____   6. _____

3. _____   7. _____

4. _____   8. _____

90   **Unità 10** Lab Activities   © by Vista Higher Learning. All rights reserved.

Nome _____   Data _____

Unità 11   # Lezione 11A

CONTESTI

---

1   **Identificare** Listen to what these people do. Identify each person's profession and write it below.

> **Modello**
>
> *You hear:* La signora Caccia lavora in banca.
> *You write:* banchiera

1. _____   5. _____
2. _____   6. _____
3. _____   7. _____
4. _____   8. _____

---

2   **Scegliere** Listen to each question and choose the most logical answer.

1. a. No, ha un'assicurazione sulla vita.
   b. No, è un funzionario pubblico.
2. a. La settimana prossima.
   b. La riunione finirà tardi.
3. a. No, ho avuto un aumento.
   b. Sì, mi hanno dato una promozione.
4. a. Sì, lui è agricoltore.
   b. Sì, lui è il direttore.
5. a. L'azienda cercava persone con molta esperienza.
   b. Ho preso un congedo.
6. a. Sì, sono disoccupati.
   b. Sì, guadagnano bene.

---

3   **La famiglia di Franca** Listen as Franca describes what different people in her family do to earn a living. Then read each statement below and indicate if it is **vero** or **falso**.

	Vero	Falso
1. Il padre di Franca è veterinario.	○	○
2. La madre di Franca non fa più la contabile perché è stata licenziata.	○	○
3. Il padre di Franca guadagna bene.	○	○
4. La madre di Franca è ancora disoccupata.	○	○
5. La sorella di Franca vorrebbe lavorare all'università.	○	○
6. Diventare docente universitario è facile.	○	○
7. Il fratello di Franca fa l'agricoltore.	○	○
8. Lo zio Anselmo è un cuoco di successo.	○	○

© by Vista Higher Learning. All rights reserved.   **Unità 11** Lab Activities   **91**

Nome _____ **Data** _____

PRONUNCIA E ORTOGRAFIA

Capitalization

| i ragazzi italiani | gli inglesi | la moda francese | parlano spagnolo |

In Italian, a capital letter is not used at the beginning of nouns or adjectives referring to nationalities, languages, or groups of people.

| novembre | sabato | gli anni Cinquanta | il Settecento |

Seasons, months, and days of the week are not capitalized in Italian. However, the initial letter of centuries and decades is capitalized.

| il presidente | il ministro | le teorie freudiane | la musica vivaldiana |

In Italian, job titles and titles of officials are usually not capitalized. In addition, adjectives derived from proper names are not capitalized.

| il Mar Rosso | Monte Bianco | il (fiume) Po | il (mare) Mediterraneo |

Geographic terms such as **mare**, **monte**, and **fiume** are usually capitalized when referring to a proper name. However, when the inclusion of the geographical term is optional, as is often the case with well-known place names, the term may not be capitalized. The word **oceano** is also rarely capitalized.

| lo Stato | il Paese | la Democrazia | il Dipartimento |

Nouns referring to specific political or business entities and concepts are often capitalized in Italian, especially in documents and articles. The same words may not be capitalized when used in a generic sense.

1 **Correggere** Riscrivi ogni parola o frase usando le maiuscole dove necessario.

1. VENERDÌ
2. IL QUATTROCENTO
3. IL TEDESCO
4. LUGLIO
5. MERCOLEDÌ
6. L'OCEANO ATLANTICO

2 **Riscrivere** Riscrivi le frasi usando le maiuscole dove necessario.

1. SONO DIRIGENTE DI UNA COMPAGNIA A ROMA.
2. È LO STATO CHE DECIDE.
3. VIENI ALLA FESTA MARTEDÌ?
4. VADO ALLA MIA LEZIONE D'ITALIANO.
5. STUDIA IL PENSIERO DANTESCO.
6. COS'È SUCCESSO NEGLI ANNI SESSANTA?

3 **Proverbi** Ripeti i proverbi ad alta voce.

1. Chi ama il suo lavoro lo fa bene.
2. Non manca mai da fare a chi ben sa lavorare.

4 **Dettato** You will hear eight sentences. Each sentence will be read twice. Listen carefully and write what you hear.

1. _____
2. _____
3. _____
4. _____
5. _____
6. _____
7. _____
8. _____

92 **Unità 11** Lab Activities © by Vista Higher Learning. All rights reserved.

Nome _____ **Data** _____

STRUTTURE

11A.1 Impersonal constructions

1 **Identificare** Listen to each sentence and write down the impersonal construction you hear.

1. _____   5. _____
2. _____   6. _____
3. _____   7. _____
4. _____   8. _____

2 **Quale professione?** Listen to each statement. Then indicate what profession it refers to by choosing one of the two options below.

> **Modello**
>
> *You hear:* È difficile lavorare in un ufficio.
> *You see:* a. agricoltore   b. segretario
> *You choose:* segretario

1. a. bidello   b. camionista   5. a. giardiniere   b. giudice
2. a. cuoco   b. agricoltore   6. a. contabile   b. elettricista
3. a. pompiere   b. tassista   7. a. veterinario   b. barista
4. a. docente   b. tecnico   8. a. portiere   b. scienziato

3 **Scegliere** You will hear some sentences with a beep in the place of an impersonal construction. For each sentence, choose the impersonal expression that best replaces the beep. Repeat the correct response after the speaker.

> **Modello**
>
> *You hear:* _____ studiare a casa.
> *You see:* a. è strano   b. è meglio
> *You choose:* è meglio
> *You say:* È meglio studiare a casa.

1. a. pare   b. è importante   5. a. è strano   b. è bello
2. a. è giusto   b. è peccato   6. a. è male   b. è meglio
3. a. è impossibile b. è importante   7. a. è interessante b. è probabile
4. a. è difficile   b. sembra   8. a. bisogna   b. sembra

4 **Trasformare** Listen to each sentence and use the cue provided to create a new sentence. Repeat the correct answer after the speaker.

1. È giusto…   5. È impossibile…
2. Bisogna…   6. È ora…
3. È necessario…   7. È peccato…
4. È opportuno…   8. È bello…

© by Vista Higher Learning. All rights reserved.   **Unità 11** Lab Activities   **93**

Nome _____ **Data** _____

11A.2 The present subjunctive: use with impersonal expressions

1 Identificare Listen to each sentence and indicate with an **X** whether the verb you hear in the second half of the sentence is in the **infinito** or the **congiuntivo**.

> **Modello**
> *You hear:* È necessario lavorare a tempo pieno.
> *You mark:* an **X** under **Infinito**

	Infinito	Congiuntivo		Infinito	Congiuntivo
1.	○	○	5.	○	○
2.	○	○	6.	○	○
3.	○	○	7.	○	○
4.	○	○	8.	○	○

2 Scegliere You will hear some sentences with a beep in place of the verb. Decide which verb should complete each sentence and circle it.

> **Modello**
> *You hear:* È impossibile che quest'azienda _____.
> *You see:* a. fallisca   b. fallisce
> *You circle:* fallisca

1. a. perdiate   b. perda   5. a. parli   b. parlino
2. a. chiediate   b. chiediamo   6. a. cambio   b. cambi
3. a. prendano   b. prenda   7. a. cominciate   b. comincino
4. a. guadagnino   b. guadagnano   8. a. arrivate   b. arriviate

3 Coniugare Form a new sentence using the cue you hear as the subject. Repeat the correct response after the speaker. (*6 items*)

> **Modello**
> *You hear:* Bisogna che io lavori anche domani? (noi)
> *You say:* Bisogna che noi lavoriamo anche domani?

4 Trasformare Change each sentence you hear to the present subjunctive using the expressions below. Repeat the correct response after the speaker.

> **Modello**
> *You hear:* Tu arriverai puntuale in ufficio.
> *You see:* È importante...
> *You say:* È importante che tu arrivi puntuale in ufficio.

1. È probabile...   3. È importante...   5. Bisogna...
2. È bene...   4. È peccato...   6. È meglio...

94 Unità 11 Lab Activities

© by Vista Higher Learning. All rights reserved.

Nome _____ **Data** _____

Unità 11 Lezione 11B

CONTESTI

1 Identificare You will hear a series of words. Write the word in each series that does not belong with the others.

1. _____
2. _____
3. _____
4. _____

5. _____
6. _____
7. _____
8. _____

2 Logico o illogico? Listen to each statement and indicate whether it is **logico** or **illogico**.

	Logico	Illogico			Logico	Illogico
1.	○	○		5.	○	○
2.	○	○		6.	○	○
3.	○	○		7.	○	○
4.	○	○		8.	○	○

3 Annunci Look at the ads below and listen to each statement you hear. Then decide if the statement is **vero** or **falso**.

SPECIALISTI

Cerchiamo 5 specialisti in bellezza e forma fisica a Milano.

È necessario possedere i seguenti requisiti:
- minimo 3 anni d'esperienza
- bella presenza
- buona capacità di relazione con il cliente
- serietà e professionalità

Inviare lettera di professionalità e C.V. a Chiara Tacconi, Salone di bellezza Sublime, via Giovanni Pascoli 58 20133 Milano

---

VENDITORI/VENDITRICI

- Azienda produttrice di una famosa bevanda alla frutta cerca venditori/venditrici in tutta Italia

Requisiti richiesti:
- Formazione commerciale superiore (laurea)
- Solida esperienza nel settore (minimo 5 anni)
- Salario: 2.400 euro al mese.

È possibile trovare maggiori informazioni sul sito http://www.fruttaalmassimo.com

---

	Vero	Falso
1.	○	○
2.	○	○
3.	○	○
4.	○	○
5.	○	○
6.	○	○

Lab Manual

© by Vista Higher Learning. All rights reserved. **Unità 11** Lab Activities **95**

Nome _____ Data _____

PRONUNCIA E ORTOGRAFIA

Omitting the final vowel of an infinitive

| pensarci | saperne | scrivergli | trovarlo |

The final **e** of an infinitive is often dropped, especially in spoken Italian. The **e** must be dropped when an object pronoun is added to the infinitive of a verb.

| aver fatto | esser venuta | andar bene | sentir dire |

The final **e** of an infinitive is often dropped when followed by a past participle or an adverb. The final **e** may also be dropped when the infinitive is followed by another infinitive, especially when the second infinitive has a similar sound.

| far sentire | far bene | far festa | far da mangiare |

The verb **fare** usually drops the final **e** when followed by another infinitive, an adjective, an adverb, a noun, or the preposition **da**.

| avere scritto | fare spendere | fare studiare | esser stato |

The final **e** of an infinitive should not be dropped before any word that begins with **s** + [*consonant*], except the past participle **stato**.

---

1 **Pronunciare** Ripeti le parole e le espressioni ad alta voce.

1. aver pensato
2. prenderlo
3. far male
4. fare scordare
5. pensar bene
6. esserci
7. fare spendere
8. regalarglielo
9. star bene
10. esser andato
11. cercarli
12. far sapere

---

2 **Articolare** Ripeti le frasi ad alta voce.

1. Ho deciso di cucinarlo stasera.
2. Cerchiamo di star bene quando andiamo in vacanza.
3. Volete andarci domani?
4. Pensavo di aver finito tutto!
5. Deve sempre andar via presto.
6. Vorrei saperne di più prima di decidere.

---

3 **Proverbi** Ripeti i proverbi ad alta voce.

1. Chi fa da sé, fa per tre.
2. Il lavoro nobilita l'uomo.

---

4 **Dettato** You will hear eight sentences. Each sentence will be read twice. Listen carefully and write what you hear.

1. _____
2. _____
3. _____
4. _____
5. _____
6. _____
7. _____
8. _____

96 **Unità 11** Lab Activities © by Vista Higher Learning. All rights reserved.

Nome _____ **Data** _____

STRUTTURE

11B.1 The irregular present subjunctive

1 Identificare Listen to each sentence and write the infinitive of the conjugated subjunctive verb you hear.

> **Modello**
>
> *You hear:* È bene che Massimo vada al colloquio.
> *You write:* <u>andare</u>

1. _____   5. _____
2. _____   6. _____
3. _____   7. _____
4. _____   8. _____

2 Trasformare Form a new sentence using the cue you hear as the subject of the verb in the subjunctive. Repeat the correct answer after the speaker. (6 *items*)

> **Modello**
>
> *You hear:* È opportuno che tu faccia attenzione durante la riunione. (voi)
> *You say:* *È opportuno che voi facciate attenzione durante la riunione.*

3 Completare Listen to each partial statement you hear. Then complete it, using the cue provided below. Repeat the correct answer after the speaker.

> **Modello**
>
> *You hear:* È bene che voi...
> *You see:* conoscere il capo
> *You say:* *È bene che voi conosciate il capo.*

1. avere tre anni di esperienza
2. non essere puntuale
3. non piacere il suo nuovo lavoro

4. non dare una promozione a Giulio
5. sapere la verità
6. andare presto alla riunione

4 Completare Listen as Pina gives advice to her children. As you listen, write the missing words in the spaces below.

Ascoltate i miei consigli, figli miei: è importante che io e vostro padre (1) _____ contenti di voi. È bene che tu, Valerio, (2) _____ attenzione quando cerchi un lavoro, è meglio che (3) _____ ben pagato! Giovanni, è bello che tu (4) _____ fare lo stesso lavoro di tua madre, ma è giusto che tu (5) _____ che diventare medico è molto difficile. Comunque, è ora che voi (6) _____ per la vostra strada: non è più possibile che (7) _____ a casa con noi. Ma soprattutto, bisogna che (8) _____ sempre fiducia in voi stessi per superare le difficoltà.

© by Vista Higher Learning. All rights reserved.   **Unità 11** Lab Activities   **97**

Lab Manual

Nome	Data

11B.2 Verbs that require the subjunctive

1 **Identificare** Listen to each sentence and then indicate with an **X** whether the verb you hear expresses an emotion (**emozione**), a desire or hope (**desiderio/speranza**), an expression of will (**volontà**), or a doubt or opinion (**dubbio/opinione**).

	Emozione	Desiderio/Speranza	Volontà	Dubbio/Opinione
1.	_____	_____	_____	_____
2.	_____	_____	_____	_____
3.	_____	_____	_____	_____
4.	_____	_____	_____	_____
5.	_____	_____	_____	_____
6.	_____	_____	_____	_____

2 **Trasformare** Change each sentence you hear to the subjunctive using the expressions you see below. Repeat the correct response after the speaker.

> **Modello**
>
> *You hear:* Piero può fare la presentazione domani.
> *You see:* Il capo insiste...
> *You say:* Il capo insiste che Piero faccia la presentazione domani.

1. È impossibile che...
2. Fabio pensa che...
3. Immagino che...
4. Non sono sicuro che...
5. Enrico dubita che...
6. Non è sicuro che...

3 **Completare** Listen to each partial sentence that follows. Then use the cue provided to complete it, using a verb in the indicative or the subjunctive.

> **Modello**
>
> *You hear:* È sicuro che lui...
> *You see:* ha un curriculum
> *You say:* È sicuro che lui ha un curriculum.

1. cambia lavoro
2. devi fotocopiare quei documenti
3. potete fare questo lavoro
4. non è sufficiente
5. non trovano un buon lavoro
6. ti presenti a quel colloquio

4 **Rispondere** Listen to the office manager at a local company talk about his feelings about the week ahead. Then answer the questions below using complete sentences.

1. Che cosa desidera il manager?
2. Che cosa è impossibile secondo lui?
3. Che cosa teme?
4. Che impressione ha sul nuovo impiegato?
5. Che cosa spera?
6. Che cosa dubita?

Unità 11 Lab Activities

© by Vista Higher Learning. All rights reserved.

Nome _____ Data _____

Unità 12   Lezione 12A

CONTESTI

1   **Associare** Circle the word or words that are logically associated with the word you hear.

    1. a. tramonto   b. cascata   c. ape

    2. a. pineta   b. baita   c. lago

    3. a. toro   b. fattoria   c. picnic

    4. a. luna   b. uccello   c. montagna

    5. a. deserto   b. fiore   c. erba

    6. a. costa   b. campagna   c. fieno

2   **Logico o illogico?** Listen to each statement and indicate whether it is **logico** or **illogico**.

	Logico	Illogico			Logico	Illogico
1.	○	○		5.	○	○
2.	○	○		6.	○	○
3.	○	○		7.	○	○
4.	○	○		8.	○	○

3   **Descrivere** Look at the picture below and listen to the statements that follow. Decide whether each statement is **vero** or **falso**, based on the illustration.

	Vero	Falso			Vero	Falso
1.	○	○		4.	○	○
2.	○	○		5.	○	○
3.	○	○		6.	○	○

Nome _____ **Data** _____

PRONUNCIA E ORTOGRAFIA

Common abbreviations

> **avv. = avvocato**   **dott. = dottore**   **sen. = senatore**

Abbreviations (**Abbreviazioni**) are very common in written Italian. Abbreviations never end with a vowel, and double consonants must be maintained. A period indicates where the word has been shortened.

> **pagg. = pagine**   **dott.ri = dottori**   **prof.ssa = professoressa**

When making abbreviations plural, double the final consonant of the abbreviation. If an abbreviation already ends in a doubled consonant, add the final part of the word after the period. Final letters are also added for feminine abbreviations.

> **Fiat = Fabbrica Italiana Automobili Torino**   **Onu = Organizzazione delle Nazioni Unite**

Italians use many acronyms (**acronimi**) in speaking and writing to replace the full names of companies or organizations. **Acronimi** may be written by using all capital letters or capital letters separated with periods. Today, it is common to write **acronimi** with an initial capital letter followed by lowercase letters.

> **TIM = Telecom Italia Mobile**   **APT = Azienda di Promozione Turistica**
> *say: TIM*   *say: a-pi-ti*

Acronimi are usually formed in a manner that can be easily pronounced as a word. When the letters cannot be pronounced as a word, spell out the letters.

---

1 **Pronunciare** Ripeti gli acronimi e abbreviazioni ad alta voce.

1. RAI = Radio Audizioni Italiane
2. C.A.P. = Codice Avviamento Postale
3. IVA = Imposta sul Valore Aggiunto
4. ISTAT = Istituto di Statistica
5. C.V. = Curriculum Vitae
6. S.p.A. = Società per Azioni

---

2 **Articolare** Ripeti le frasi ad alta voce.

1. La dott.ssa Bianchi scrive agli avv.ti Rossi e Giannini.
2. Compro un vestito nuovo alla STANDA.
3. Qual è il C.A.P. della tua città?
4. Aprite il libro a pag. 14.
5. Il prezzo non include l'IVA.
6. La sig.ra Mancini e il sig. Tommasi sono andati in crociera negli Usa.

---

3 **Proverbi** Ripeti i proverbi ad alta voce.

1. Il sole che nasce ha più adoratori di quel che tramonta.
2. La mala erba cresce in fretta.

---

4 **Dettato** You will hear eight sentences. Each sentence will be read twice. Listen carefully and write what you hear.

1. _____
2. _____
3. _____
4. _____
5. _____
6. _____
7. _____
8. _____

100 **Unità 12** Lab Activities   © by Vista Higher Learning. All rights reserved.

Nome _____ Data _____

STRUTTURE

12A.1 The past subjunctive

1 **Identificare** Listen to each sentence and indicate whether the subjunctive form is in the present or the past.

	Presente	Passato		Presente	Passato
1.	○	○	5.	○	○
2.	○	○	6.	○	○
3.	○	○	7.	○	○
4.	○	○	8.	○	○

2 **Scegliere** You will hear some sentences with a beep in place of a verb. Decide which verb should complete each sentence and circle it.

> **Modello**
> *You hear:* È impossibile che stasera il sole _____ alle cinque.
> *You see:* a. tramonti   b. sia tramontato
> *You circle:* a. tramonti

1. a. attraversiate   b. abbiate attraversato
2. a. remi   b. abbia remato
3. a. dobbiate   b. abbiate dovuto
4. a. porti   b. abbia portato
5. a. vada   b. sia andato
6. a. vedano   b. abbiano visto
7. a. esplorino   b. abbiano esplorato
8. a. peschi   b. abbia pescato

3 **Trasformare** Listen to each sentence and change it to the past. Repeat the correct answer after the speaker. (*8 items*)

> **Modello**
> *You hear:* Credo che Paolo sia in campagna.
> *You say:* Credo che Paolo sia stato in campagna.

© by Vista Higher Learning. All rights reserved.

Unità 12 Lab Activities   **101**

Nome _____ Data _____

12A.2 The subjunctive with conjunctions

1 **Identificare** Listen to each statement and write down the conjunction you hear.

> **Modello**
>
> *You hear:* Laura indica l'orizzonte affinché Angelo guardi il tramonto.
> *You write:* **affinché**

1. _____   5. _____
2. _____   6. _____
3. _____   7. _____
4. _____   8. _____

2 **Completare** Listen to each incomplete sentence, then choose the correct ending for it.

1. a. ...lui si svegli.   b. ...lui si sveglia.
2. a. ...abbiano fatto il picnic.   b. ...facevano il picnic.
3. a. ...abbia paura degli animali.   b. ...ho paura degli animali.
4. a. ...non vedete le stelle.   b. ...non vediate le stelle.
5. a. ...Piero veda il deserto.   b. ...Piero vede il deserto.
6. a. ...lui indossa vestiti pesanti.   b. ...lui indossi vestiti pesanti.

3 **Coniugare** Form a new sentence using the cue you hear as the subject of the first verb. Repeat the correct response after the speaker. (*6 items*)

> **Modello**
>
> *You hear:* Tu parti prima di finire di mangiare. (loro)
> *You say:* **Loro partono prima che tu finisca di mangiare.**

4 **Trasformare** Listen to each partial sentence and use the cue below to transform it into a complete sentence. Repeat the correct answer after the speaker.

> **Modello**
>
> *You hear:* Il tuo amico può venire con noi purché...
> *You see:* lui / portare uno zaino
> *You say:* **Il tuo amico può venire con noi purché lui porti uno zaino.**

1. io / essere stanco
2. noi / non svegliarci molto presto
3. tu / non salire sugli alberi
4. l'acqua / essere fredda
5. i bambini / vedere gli animali
6. arrivare / i turisti
7. voi / portare la tenda
8. tu / potere fotografare il tramonto

102   **Unità 12** Lab Activities   © by Vista Higher Learning. All rights reserved.

Nome _____ Data _____

Unità 12
Lezione 12B

CONTESTI

1 **Identificare** You will hear a series of words. Write the word that does not belong in each series.

1. _____
2. _____
3. _____
4. _____
5. _____
6. _____

2 **Scegliere** For each question you hear, choose the response that answers it.

1. a. Sì, le fabbriche inquinano.
   b. Sì, le macchine sono un pericolo per l'ambiente.

2. a. Serve per evitare gli sprechi (*waste*).
   b. Sì, è utile.

3. a. Perché l'acqua è la vita.
   b. Perché bisogna trovare delle soluzioni.

4. a. L'alluvione del mese scorso.
   b. L'inquinamento delle fabbriche.

5. a. Con i pannelli solari.
   b. Con il riscaldamento globale.

6. a. Sì, causa la sovrappopolazione.
   b. Sì, causa il riscaldamento globale.

3 **L'ambiente** Listen as Teresa talks about the things she is doing as part of her school's environmental club. Then answer the questions below.

1. Che cosa provocano i gas dello scappamento delle macchine? _____

   _____

2. Perché è necessario non sprecare l'acqua? _____

   _____

3. Che cosa hanno fatto a scuola per non inquinare? _____

   _____

4. Che cosa fanno a casa gli studenti? _____

   _____

5. Che cosa fanno nel laboratorio? _____

   _____

6. Che tipo di autobus usa la scuola? _____

   _____

© by Vista Higher Learning. All rights reserved.

Unità 12 Lab Activities | **103**

Nome _____ **Data** _____

PRONUNCIA E ORTOGRAFIA

Borrowed words in Italian

computer	leader	suspense	standard

English words have become common in the Italian language. In general, these words maintain the original English spelling.

e-mail	file	Internet	marketing

In Italian, English words generally maintain their original general pronunciation and syllabication, but the words are often more enunciated. The letter **r** is rolled, and vowels (besides the long English *i*) tend to have an Italian pronunciation.

il **Web**	lo **sport**	la **Duke University**	una **star**

Since English does not give a gender to nouns, English nouns often become masculine in Italian. However, if an English word has a close Italian equivalent, the gender of the Italian equivalent will be used.

i **computer**	i **film**	gli **sport**	le **star**

When used in Italian, English nouns do not add the letter **s** to form the plural. The singular form of the word is maintained, and the plural form is indicated by the preceding article.

blog**gare**	chat**tare**	scroll**are**	stress**are**

Some English verbs, especially those referring to business or computer activities, are "Italianized" by altering spellings and/or by adding Italian infinitive endings and conjugations.

---

1   **Pronunciare** Ripeti le parole ad alta voce.

1. il weekend
2. la privacy
3. il film
4. lo smog
5. i jeans
6. il bar
7. il business
8. cliccare
9. i quiz
10. il manager
11. la webcam
12. downlodare

---

2   **Articolare** Ripeti le frasi ad alta voce.

1. Siamo sotto stress in questo periodo.
2. Ho visto il direttore di marketing al bar.
3. C'è un bel film al multiplex.
4. Questo weekend vanno ad un bed and breakfast.
5. Chattiamo quando sono davanti al computer.
6. Fa un Master in ecologia all'università.

---

3   **Proverbi** Ripeti i proverbi ad alta voce.

1. Sole dopo tempesta mette gli uomini in festa.
2. Una rondine non fa primavera.

---

4   **Dettato** You will hear eight sentences. Each sentence will be read twice. Listen carefully and write what you hear.

1. _____
2. _____
3. _____
4. _____
5. _____
6. _____
7. _____
8. _____

104   **Unità 12** Lab Activities   © by Vista Higher Learning. All rights reserved.

Nome _____ **Data** _____

STRUTTURE

12B.1 The imperfect and the past perfect subjunctive

1 **Scegliere** Listen to each sentence and indicate whether the verb you hear is in the imperfect or past perfect subjunctive.

> **Modello**
>
> *You hear:* Antonella non voleva che Matteo sprecasse l'acqua.
>
> *You mark:* an **X** under **Congiuntivo imperfetto**

	Congiuntivo imperfetto	Congiuntivo trapassato		Congiuntivo imperfetto	Congiuntivo trapassato
1.	_____	_____	5.	_____	_____
2.	_____	_____	6.	_____	_____
3.	_____	_____	7.	_____	_____
4.	_____	_____	8.	_____	_____

2 **Completare** You will hear sentences with a beep in place of a verb. Decide which verb should complete each sentence and circle it. Repeat the correct response after the speaker.

> **Modello**
>
> *You hear:* Il sindaco vorrebbe che i cittadini _____ la raccolta differenziata.
>
> *You see:* a. facessero b. avessero fatto
>
> *You circle:* a. facessero

1. a. portasse   b. avesse portato   5. a. provocasse b. avesse provocato

2. a. partissero b. fossero partiti   6. a. montassi   b. avessi montato

3. a. fosse   b. fosse stata   7. a. aumentasse b. fosse aumentato

4. a. passasse   b. fosse passato   8. a. venissi   b. fossi venuto

3 **Domande** Answer each question you hear based on the cue provided. Repeat the correct response after the speaker. (*8 items*)

> **Modello**
>
> *You hear:* Eri sorpreso che ci fosse così tanto smog? (no)
>
> *You say:* No, non ero sorpreso che ci fosse così tanto smog.

4 **Trasformare** Listen to each sentence and change it from the imperfect subjunctive to the past perfect subjunctive. Repeat the correct answer after the speaker. (*6 items*)

> **Modello**
>
> *You hear:* Eri contento che riciclassero?
>
> *You say:* Eri contento che avessero riciclato?

© by Vista Higher Learning. All rights reserved.   **Unità 12** Lab Activities   **105**

Lab Manual

Nome _____ **Data** _____

12B.2 Tense correlations with the subjunctive

1 **Identificare** Listen to each sentence and indicate with an **X** which two verb tenses it contains. The first one is done for you.

> **Modello**
>
> *You hear:* Avevo paura che il degrado ambientale aumentasse.
> *You mark:* an **X** under **Indicativo imperfetto** and **Congiuntivo imperfetto**

	Indicativo presente	Indicativo imperfetto	Congiuntivo presente	Congiuntivo passato	Congiuntivo imperfetto	Congiuntivo trapassato
Modello	_____	X	_____	_____	X	_____
1.	_____	_____	_____	_____	_____	_____
2.	_____	_____	_____	_____	_____	_____
3.	_____	_____	_____	_____	_____	_____
4.	_____	_____	_____	_____	_____	_____
5.	_____	_____	_____	_____	_____	_____
6.	_____	_____	_____	_____	_____	_____
7.	_____	_____	_____	_____	_____	_____
8.	_____	_____	_____	_____	_____	_____

2 **Scegliere** You will hear the beginning of a sentence. Choose the ending that best completes it.

1. a. ...non potremo più respirare per lo smog.
   b. ...non avremmo potuto più respirare per lo smog.
2. a. ...non avrò bisogno di prendere la macchina.
   b. ...non avrei bisogno di prendere la macchina.
3. a. ...la tua salute migliorerebbe.
   b. ...la tua salute migliora.
4. a. ...il governo avrebbe costruito la centrale nucleare.
   b. ...il governo costruirà la centrale nucleare.

5. a. ...la città sarebbe più pulita.
   b. ...la città è più pulita.
6. a. ...non spenderesti tanti soldi per la benzina.
   b. ...non spenderai tanti soldi per la benzina.
7. a. ...il mondo sarebbe sempre in pericolo.
   b. ...il mondo sarà sempre in pericolo.
8. a. ...salviamo il pianeta.
   b. ...salveremmo il pianeta.

3 **Completare** Listen as Fabrizio describes some local projects involving alternative energy sources. Complete his description below with the missing verb forms.

Il sindaco vuole che tutti gli autobus a benzina (1) _____ da autobus ibridi. L'aria

sarebbe più respirabile se lo (2) _____ davvero. I cittadini vorrebbero che anche le

case (3) _____ le energie rinnovabili. È probabile che (4) _____

dei pannelli solari sui tetti. Pare che il comune (5) _____ sviluppare anche l'uso

dell'energia eolica. E poi è necessario che la legge (6) _____ la gente a fare la

raccolta differenziata in tutti i quartieri. Se (7) _____ queste cose qualche anno

fa, non avremmo mai avuto problemi di inquinamento. Ma sono contento che la mia città

(8) _____ a realizzare questi progetti.

106 **Unità 12** Lab Activities

© by Vista Higher Learning. All rights reserved.

Nome _____ Data _____

Lezione 7A, Puntata 13   Fotoromanzo

RIPOSO E SVAGO

Prima di guardare

1 **Che cosa succede?** Look at the photo and guess what the characters might be saying to one another.

_____
_____
_____
_____
_____
_____

Durante il video

2 **Chi parla?** Indicate which character says each line: **Emily, Lorenzo, Viola, Riccardo,** or **Massimo**.

_____ 1. Si perde la nostra giornata a Trastevere.
_____ 2. Siediti pure. Vuoi qualcosa da bere?
_____ 3. Ti ho portato gli appunti della lezione di ieri.
_____ 4. Appena starai meglio, ci andremo insieme.
_____ 5. Non è meglio se ti riposi un po'?
_____ 6. Sei un cretino.
_____ 7. Trastevere è figo.
_____ 8. Cosa diranno i tuoi?

3 **Stanze e mobili** Check off the parts of the house and pieces of furniture mentioned in this episode.

❑ 1. divano   ❑ 7. dispensa
❑ 2. sala da pranzo   ❑ 8. camera singola
❑ 3. soggiorno   ❑ 9. comodino
❑ 4. studio   ❑ 10. armadio
❑ 5. balcone   ❑ 11. poltrona
❑ 6. doccia   ❑ 12. cucina

4 **Completare** Complete these statements with the missing words.

1. È felice solo quando sta sul _____ a leggere.
2. Grazie per gli appunti. E per i _____. Li metterò sul mio _____.
3. Sai, ci sono dei _____ molto belli _____ alla facoltà.
4. Le lezioni sono _____ senza di te.
5. Voglio prendere in _____ un appartamento qui quando finirà il semestre.
6. Con una pizzeria a _____ e un bar a destra!

© by Vista Higher Learning. All rights reserved.   Lezione 7A Fotoromanzo Activities   **25**

Nome _____ Data _____

Dopo il video

5 **Collegare** Match the first half of these sentences with the correct endings.

_____ 1. Vuole l'attenzione…   a. a una vera pizza italiana.
_____ 2. Ho visto che c'è…   b. in questo stato!
_____ 3. Non mi può vedere…   c. un appartamento in affitto.
_____ 4. Digli che sarò da lui…   d. dal fiorista vicino alla facoltà.
_____ 5. Te li ho presi…   e. di tutti per lei.
_____ 6. Questo è il mio primo morso…   f. fra qualche minuto.

6 **Gelosia** Describe what is happening in this photo. Explain the events leading up to this moment.

_____
_____
_____
_____
_____
_____

7 **Una casa in Italia!** Imagine you are going to spend a year in Italy. In which town would you like to live? What would you like your apartment or house to be like? Describe it in Italian.

_____
_____
_____
_____
_____
_____
_____
_____
_____
_____
_____
_____
_____
_____
_____
_____
_____
_____

Nome _____ Data _____

Lezione 7B, Puntata 14

CHE PORCILE!

Fotoromanzo

Prima di guardare

1 **In casa** In this episode, you will hear the characters talking about chores. In preparation, make a list of household chores in Italian.

_____
_____
_____
_____
_____

Durante il video

2 **Le faccende domestiche** Check off the chores mentioned in the video.

❏ 1. sparecchiare la tavola
❏ 2. mettere in ordine
❏ 3. pulire il forno
❏ 4. lavare i piatti
❏ 5. passare l'aspirapolvere
❏ 6. fare il bucato
❏ 7. portare fuori la spazzatura
❏ 8. stirare
❏ 9. pulire il pavimento
❏ 10. fare il letto
❏ 11. spolverare
❏ 12. asciugare i piatti

3 **Scegliere** Circle the option that best completes each sentence according to the video.

1. Da cinque minuti lo osservo mentre riempie _____ di briciole.
   a. il frigorifero   b. il lavandino   c. il letto
2. Ho lavato i piatti e portato fuori _____ tutti i giorni.
   a. il cane   b. la coperta   c. la spazzatura
3. Il più bravo avrà _____.
   a. un premio   b. una crostata   c. un piatto
4. Viola, passa _____.
   a. la scopa   b. l'aspirapolvere   c. il bucato
5. Poi pulisci _____.
   a. il pavimento   b. la tavola   c. il lavello
6. Questo posto è _____.
   a. una pensione   b. un cafone   c. un porcile

4 **Risposte** Choose the correct response to each statement below.

_____ 1. Riccardo! Che schifo!
_____ 2. Dicci cosa dobbiamo fare.
_____ 3. Buongiorno, mi dica.
_____ 4. Piacere di conoscerti, Francesca.
_____ 5. Spostati. Fammi vedere.

a. Riccardo, pulisci il forno e i fornelli.
b. Riccardo, non sai cosa fare.
c. Sei proprio una lagna.
d. Vorrei un caffè, per favore.
e. Ma chi è Francesca?

© by Vista Higher Learning. All rights reserved.   Lezione 7B Fotoromanzo Activities   **27**

Nome _____   **Data** _____

Dopo il video

5 | **Mettere in ordine** Number these events in the order in which they occur in the video.

_____ a. Riccardo va via con lo scooter.

_____ b. Emily ordina un caffè e un cornetto al bar.

_____ c. Viola ripara l'aspirapolvere.

_____ d. Emily registra un messaggio per il blog.

_____ e. Emily incontra Lorenzo al bar con una ragazza.

_____ f. Viola e Riccardo decidono di aiutare Marcella a pulire la pensione.

6 | **Spiegare** Answer these questions in Italian. Use complete sentences.

1. Perché Viola chiama Riccardo «cafone»?

_____

_____

2. Cosa devono fare Viola e Riccardo per vincere i venti euro?

_____

_____

3. Perché alla fine della puntata Riccardo va via arrabbiato con lo scooter?

_____

_____

7 | **Tocca a te!** Imagine that you are dividing household chores with your roommate. Write a conversation in which you discuss which chores you will each do. Mention at least six tasks.

_____

_____

_____

_____

_____

_____

_____

_____

_____

_____

_____

_____

_____

_____

28   **Lezione 7B Fotoromanzo** Activities   © by Vista Higher Learning. All rights reserved.

Nome _____ Data _____

Lezione 8A, Puntata 15

Fotoromanzo

C'ERAVAMO TANTO AMATI

Prima di guardare

1 **Che cosa succede?** Look at the photo, and guess what will happen in this episode.

_____
_____
_____
_____
_____

Durante il video

2 **Mezzi di trasporto** Check off the words related to transportation and driving mentioned in this episode.

❏ 1. il traffico
❏ 2. la gomma
❏ 3. i tergicristalli
❏ 4. l'autobus
❏ 5. l'olio

❏ 6. lo scooter
❏ 7. la portiera
❏ 8. il motore
❏ 9. l'autostrada
❏ 10. la benzina

3 **Chi parla?** Indicate which character says each line: **Riccardo**, **Francesca**, **Viola**, **Lorenzo**, or **Marcella**.

_____ 1. Sono più arrabbiata che preoccupata.
_____ 2. Hai il suo numero di cellulare?
_____ 3. È il tuo migliore amico, non il mio.
_____ 4. Com'è andato il viaggio?
_____ 5. Che cosa mi dai in cambio?
_____ 6. Lo sai riparare, Viola?
_____ 7. Ma siamo la peggior coppia del mondo.
_____ 8. Sei irresponsabile e immaturo.

4 **Mettere in ordine** Number these events in the order in which they occur.

_____ a. Riccardo torna alla pensione.
_____ b. Viola ripara lo scooter.
_____ c. Lo scooter di Marcella non funziona.
_____ d. Viola prende il lettore MP3 di Riccardo.
_____ e. Riccardo chiede a Viola di riparare lo scooter.

Dopo il video

5 **Vero o falso?** Indicate whether each statement is **vero** or **falso**.

	Vero	Falso
1. Riccardo non trova il suo cellulare.	○	○
2. Secondo Emily, Isabella non è carina.	○	○
3. Emily è preoccupata perché Riccardo non guida bene.	○	○
4. Francesca ha trovato molto traffico.	○	○
5. Francesca è venuta a Roma perché ha lasciato Giovanni.	○	○
6. Francesca non ama più Lorenzo.	○	○
7. Viola restituisce il lettore MP3 a Riccardo.	○	○
8. Marcella è arrabbiata con Riccardo.	○	○

6 **Gelosia** What happens in this episode that tells you that the relationship between Lorenzo and Francesca is finished? Describe at least three things they say or do.

7 **Tocca a te!** Describe a time when you had car or transportation trouble. What happened? What did you do?

Lezione 8B, Puntata 16

Fotoromanzo

AMICI, ROMANI, CITTADINI

Prima di guardare

1 **In viaggio** In this video episode, you will hear the characters talk about where they would like to travel after the end of the semester. Where do you imagine they would like to go?

_____
_____
_____
_____
_____

Durante il video

2 **Dove?** Match the questions to the correct answers.

_____ 1. Dove vorrebbe andare Emily?
_____ 2. Dove si può prendere il traghetto per la Grecia?
_____ 3. Dove vivono i cugini di Riccardo?
_____ 4. Dove va a sciare Lorenzo?
_____ 5. Dove vorrebbe andare Riccardo?
_____ 6. Dove farebbe un viaggio Viola?

a. A Bari.
b. A San Francisco.
c. A New Orleans.
d. A Capistrello.
e. In Grecia.
f. A Zermatt.

3 **Vero o falso?** Indicate whether each statement is **vero** or **falso**.

	Vero	Falso
1. Negli anni '50 la gente prendeva marmo dal Foro per costruire chiese e fontane.	○	○
2. Viola invita Emily a Capistrello.	○	○
3. Lorenzo non è mai stato in Grecia.	○	○
4. Lorenzo ha girato l'Europa con suo padre.	○	○
5. Un amico di Emily frequenta l'università a New Orleans.	○	○
6. Riccardo ha rotto lo scooter di Marcella il mese scorso.	○	○
7. Isabella è una collega di lavoro di Lorenzo.	○	○
8. Isabella ama scherzare.	○	○

4 **L'anagramma** For items 1–5, fill in the missing letters in each word. Unscramble the letters in the boxes to complete item 6.

1. Lorenzo va a sciare con la famiglia della sua __ __ __ __ ☐☐ __ __.
2. Nel Foro si riuniva il __ ☐ __ __ __ __ romano.
3. Nel Medioevo la gente usava il __ __ ☐ __ __ del Foro per costruire gli edifici.
4. Secondo Marcella, i ragazzi dovrebbero conoscere meglio la ☐ __ __ __ __ __ __ di Roma.
5. Lorenzo ha visto Francesca __ ☐ __ __ __ __.
6. Riccardo ha dei cugini in __ __ __ __ __ __.

Nome _____ **Data** _____

Dopo il video

5 **Descrizioni** Whom do these statements describe?

_____ 1. Ha un amico a New Orleans.
_____ 2. È triste perché Marcella è arrabbiata con lui.
_____ 3. Prende in giro Emily.
_____ 4. Prova a difendere (*defend*) Emily dagli scherzi.
_____ 5. Non è elegante come Lorenzo.
_____ 6. Peter non le manca affatto.

6 **Spiegare** Answer these questions in Italian. Use complete sentences.

1. Cosa faceva la gente nel Medioevo con il marmo del Foro?

_____

2. Che viaggio propone Riccardo a Emily?

_____

3. Perché Lorenzo non ha presentato subito Isabella a Emily?

_____

4. Chi è veramente Isabella?

_____

5. Chi è socio d'affari del padre di Lorenzo?

_____

6. Perché Lorenzo ride (*laughs*)?

_____

7 **Tocca a te!** List four places where you would like to go on vacation. Then list two activities you might do in each place. Mention eight different activities.

Luoghi	Attività	Attività
1. _____	_____	_____
2. _____	_____	_____
3. _____	_____	_____
4. _____	_____	_____

Video Manual

32 **Lezione 8B Fotoromanzo** Activities © by Vista Higher Learning. All rights reserved.

Nome _____ Data _____

Lezione 9A, Puntata 17   Fotoromanzo

COME SI VA IN PIAZZA DI SPAGNA?

Prima di guardare

1 **Orientarsi** Read the episode title, look at the photo, and guess what might happen in this episode.

_____
_____
_____
_____
_____
_____

2 **Che cos'è?** Mark an **X** in the appropriate column to classify these words as directions (**indicazioni**) or places (**luoghi**).

	Indicazioni	Luoghi		Indicazioni	Luoghi
1. fontana	_____	_____	7. chiesa	_____	_____
2. diritto	_____	_____	8. strada	_____	_____
3. girare	_____	_____	9. piazza	_____	_____
4. seguire	_____	_____	10. continuare	_____	_____
5. semaforo	_____	_____	11. statua	_____	_____
6. incrocio	_____	_____	12. chiosco	_____	_____

Durante il video

3 **Completare** Watch the scene with the waiter in the café and complete the conversation with the missing words.

chiosco	innamorati	segue	sinistra
continua	insieme	semaforo	strada
gira	peccato	si figuri	va

RICCARDO Mi scusi.
CAMERIERE Mi dica.
RICCARDO Come si (1) _____ in Piazza di Spagna?
CAMERIERE È facile da qui. Allora, si (2) _____ questa (3) _____, finché si arriva a un (4) _____. Poi (5) _____ a (6) _____, passa un (7) _____ e (8) _____ diritto.
RICCARDO Grazie mille.
CAMERIERE (9) _____. Roma è più bella quando si è (10) _____, eh? Non state (11) _____?
EMILY No.
RICCARDO Ma quando mai!
CAMERIERE Davvero? Che (12) _____.

Nome _____ **Data** _____

4 Collegare Match the first half of these sentences with the correct endings.

_____ 1. Andiamo a prendere un caffè al bar...

_____ 2. Ci sono così tante cose...

_____ 3. Questo è l'incrocio...

_____ 4. È questa la strada...

a. in cui dovremmo girare a sinistra.

b. che dobbiamo prendere.

c. che ho visto all'angolo.

d. che non abbiamo visto.

Dopo il video

5 Che cosa succede? Match these images with their captions.

_____ 1. In questa strada? Sei sicura?

_____ 2. Non mi piace vederti così triste, Riccardo.

_____ 3. Amici?

_____ 4. Le dirò perché Sua figlia dovrebbe restare a Roma dopo la fine del semestre.

_____ 5. Che cosa crede? Non siamo mica Lorenzo e Viola.

_____ 6. Siamo arrivati fino a Trinità dei Monti!

a. b. c.

d. e. f.

6 Vero o falso? Indicate whether each statement is **vero** or **falso**.

	Vero	Falso
1. Riccardo spiega alla signora Eriksson perché Emily dovrebbe restare a Roma.	O	O
2. Secondo il cameriere, Emily è la ragazza di Riccardo.	O	O
3. Secondo Riccardo ed Emily, un giorno Lorenzo e Viola staranno insieme.	O	O
4. Piazza di Spagna si chiama così perché è un regalo della Spagna all'Italia.	O	O
5. Riccardo è sicuro che Marcella lo perdonerà.	O	O
6. Alla fine Riccardo ed Emily capiscono di essere innamorati.	O	O

7 Come si va...? Give directions from your home to these places.

1. Per andare da casa mia al parco: _____

_____

_____

2. Per andare da casa mia alla stazione degli autobus/dei treni: _____

_____

_____

3. Per andare da casa mia alla posta: _____

_____

_____

Video Manual

34 **Lezione 9A Fotoromanzo** Activities © by Vista Higher Learning. All rights reserved.

Nome _____ Data _____

Lezione 9B, Puntata 18
UN POMERIGGIO IN CENTRO

Fotoromanzo

Prima di guardare

1 **Che cosa succede?** Look at the photo and guess what might happen in this episode.

_____
_____
_____
_____
_____
_____

Durante il video

2 **In centro** Check off the places and items mentioned in this episode.

☐ 1. la banca
☐ 2. la profumeria
☐ 3. la cartolina
☐ 4. i francobolli
☐ 5. il conto corrente
☐ 6. l'edicola

☐ 7. la posta
☐ 8. il pacco
☐ 9. il bancomat
☐ 10. il fiorista
☐ 11. la tintoria
☐ 12. la rivista

3 **Completare** Watch the scene where Viola and Lorenzo meet outside the bank, and complete these two fragments according to what the characters say.

| banca | conto corrente | pacco | soldi |
| bancomat | francobolli | posta | tintoria |

VIOLA Ciao, Massimo, come stai? Alla (1) _____. Ho comprato dei

(2) _____ e spedito un (3) _____ a mia madre.

Ho diverse cose da fare. Sì, in banca e in (4) _____.

LORENZO Viola.

VIOLA Ciao.

LORENZO Ciao. Che cosa fai qui?

VIOLA Ho un (5) _____ in questa (6) _____ e dovevo ritirare

dei (7) _____ al (8) _____. È qui che lavori?

Nome _____   **Data** _____

---

4 **Vero o falso?** Indicate whether each statement is **vero** or **falso**.

	Vero	Falso
1. Viola ha lezione domani mattina.	○	○
2. Quando incontra Lorenzo, Viola ha già ritirato i soldi al bancomat.	○	○
3. Lorenzo lavora nella banca in cui Viola ha il conto corrente.	○	○
4. A Lorenzo è piaciuta molto la giornata al Foro Romano con gli altri ragazzi.	○	○
5. Lorenzo ha dei problemi con Emily.	○	○
6. La madre di Viola compra gli abiti da sposa per le sue figlie in un negozio di Capistrello.	○	○
7. Secondo Lorenzo, è impossibile arrabbiarsi con Riccardo.	○	○
8. Alla fine, Viola è in ritardo all'appuntamento.	○	○

Dopo il video

5 **Scegliere** Circle the option that best completes each statement.

1. Viola ha un appuntamento con _____.
   a. Massimo   b. Lorenzo   c. sua madre

2. Viola ha spedito _____ a sua madre.
   a. una lettera   b. un pacco   c. dei soldi

3. Lavorando in banca, Lorenzo guadagna _____ per l'università.
   a. un premio   b. punti   c. crediti

4. Lorenzo ed Emily sono _____.
   a. uguali   b. simili   c. diversi

5. Viola sta leggendo un libro _____.
   a. sulla commedia dell'arte   b. sulla storia di Roma   c. sugli abiti da sposa

6. Secondo Lorenzo, Riccardo è _____.
   a. un bravo ragazzo   b. un cattivo ragazzo   c. un ragazzo antipatico

6 **Spiegare** Explain what is happening in this photo.

_____
_____
_____
_____
_____

7 **Tocca a te!** Describe a day in which you ran several errands. Tell where you went and what you did at each place. Mention at least four different places.

_____
_____
_____
_____
_____
_____

Video Manual

36   **Lezione 9B Fotoromanzo** Activities   © by Vista Higher Learning. All rights reserved.

Lezione 10A, Puntata 19

Fotoromanzo

I SOGNI SON DESIDERI

Prima di guardare

1 **Usa l'immaginazione!** Look at the video still below. Why are the characters masked? What is going on in this episode?

Durante il video

2 **Descrizioni** Indicate which character(s) each statement describes: **Colombina, Pantalone, Massimo,** or **Arlecchino**.

_____ 1. Ha scritto una poesia d'amore.
_____ 2. Vuole regalare la scatola magica a Colombina.
_____ 3. Sente un pianoforte che suona nella scatola.
_____ 4. Vuole avere la scatola magica.
_____ 5. Desidera una camicia.
_____ 6. Ama il suono della fisarmonica.
_____ 7. Desidera avere i soldi e anche l'amore con l'aiuto della scatola magica.
_____, _____ 8. Secondo questi personaggi, la scatola non è magica.

3 **Collegare** Match the first half of these sentences with the correct endings.

_____ 1. Vi ha annoiato il mio amico...
_____ 2. Hai detto che c'è un'orchestra...
_____ 3. Mi trovo...
_____ 4. Mi piace tanto quella camicia...
_____ 5. Non riesco a decidere...
_____ 6. Suona una musica meravigliosa...

a. dentro questa scatola?
b. tra l'amore e i soldi.
c. in presenza del vero amore.
d. con la sua esibizione?
e. davanti a un dilemma.
f. che indossava l'altro giorno.

4 **Completare** Complete these fragments with the missing words. Not all words will be used.

| applaude | commedia | pubblico | stasera |
| canta | parte | rappresentazione teatrale | tragedia |

VIOLA Chi è che (1) _____? È una (2) _____? Sto interpretando una (3) _____?
EMILY-COLOMBINA Il (4) _____ ti aspetta.
VIOLA Emily? Emily, sei tu?
EMILY-COLOMBINA Benvenuti, benvenuti. La rappresentazione di (5) _____ è una (6) _____. Spero.

© by Vista Higher Learning. All rights reserved.   Lezione 10A Fotoromanzo Activities   **37**

Nome _____ **Data** _____

Dopo il video

5 Identificare Match these images with their captions.

_____ 1. Per Lei, vincono sempre i soldi.

_____ 2. Oh, grande dono d'amore, come ti amo!

_____ 3. Mi prometta due cose.

_____ 4. Dolce Colombina, ho una cosa per te.

_____ 5. Ascolti, padrone. Ora c'è un pianista che suona un concerto.

a.   b.   c.

d.  e.

6 Spiegare Answer these questions in Italian according to what you saw in the video.

1. Come reagisce (*reacts*) Colombina quando Arlecchino le vuole regalare la scatola magica?
   _____
   _____

2. Cosa deve fare Pantalone per avere la scatola da Arlecchino?
   _____
   _____

3. Cosa vuole fare Pantalone con la scatola?
   _____
   _____

4. Quando suona la scatola?
   _____
   _____

7 Tocca a te! Why has Viola had this dream? What do you think it means?
   _____
   _____
   _____
   _____
   _____
   _____
   _____
   _____

Nome _____ Data _____

Lezione 10B, Puntata 20

Fotoromanzo

IL MONDO DI PAOLO

Prima di guardare

1 **Che cosa succede?** In this episode, the characters are helping Paolo shoot a short film for a school project. What words and expressions do you expect to hear?

_____
_____
_____
_____
_____
_____

Durante il video

2 **Le arti** Check off the expressions that are mentioned in the video.

- ☐ 1. trama
- ☐ 2. drammatico
- ☐ 3. documentario
- ☐ 4. sceneggiatura
- ☐ 5. attore
- ☐ 6. commovente
- ☐ 7. girare
- ☐ 8. drammatica
- ☐ 9. regista
- ☐ 10. inquietante
- ☐ 11. scultore
- ☐ 12. autore

3 **Chi parla?** Indicate which character says each line: **Emily**, **Viola**, **Lorenzo**, **Paolo**, or **Riccardo**.

_____ 1. Scrivere è più difficile di quanto sembri.
_____ 2. Ho finito di scriverlo un'ora fa.
_____ 3. Quale scena giriamo per prima?
_____ 4. Da dove vengono?
_____ 5. Promettimi che non lo dirai a nessuno.
_____ 6. Non ci posso credere!
_____ 7. È buona la tua sceneggiatura.
_____ 8. Senti chi parla!

4 **Mettere in ordine** Number these events in the order in which they occur in the video.

_____ a. Viola vede le maschere da commedia dell'arte.
_____ b. I ragazzi iniziano a recitare.
_____ c. Gli attori si mettono a ridere e smettono di recitare.
_____ d. Paolo entra in sala da pranzo con la sceneggiatura.
_____ e. Viola confessa a Emily di aver baciato Lorenzo.
_____ f. Riccardo fa i complimenti a Paolo per la sua sceneggiatura.

Nome _____   Data _____

Dopo il video

5 **Vero o falso?** Indicate whether each statement is **vero** or **falso**.

	Vero	Falso
1. Nel film di Paolo c'è una scatola che suona musica.	○	○
2. Le maschere da commedia dell'arte erano nell'armadio di Viola.	○	○
3. Viola preferisce Massimo a Lorenzo.	○	○
4. Secondo Riccardo, la sceneggiatura di Paolo è drammatica e inquietante.	○	○
5. Paolo studierà cinema all'università.	○	○
6. I ragazzi non sono dei bravi attori.	○	○

6 **Spiegare** Look at this photo and describe the conversation between Viola and Emily.

_____
_____
_____
_____
_____
_____

7 **Tocca a te!** Imagine that you are giving advice to Viola. Who's a better fit for her: Lorenzo or Massimo? Tell her what you think.

_____
_____
_____
_____
_____
_____
_____
_____
_____
_____
_____
_____
_____
_____
_____

Lezione 11A, Puntata 21

Fotoromanzo

CASA E AFFETTI

Prima di guardare

1 **Che cosa succede?** In this episode, Viola and Lorenzo talk about what recently happened between them. What do you think will happen?

_____
_____
_____
_____
_____

Durante il video

2 **Chi parla?** Indicate which character says each line: **Emily, Lorenzo, Marcella, Riccardo,** or **Viola.**

_____ 1. Devo pensare a un modo per convincerli.

_____ 2. È che all'inizio non volevo crederci, ma sembra che io mi senta attratto da te.

_____ 3. Voglio studiare e diventare un'insegnante.

_____ 4. Mi dai una mano?

_____ 5. Un giorno vedrai tutto con più serenità.

_____ 6. Penso che andrò a fare una passeggiata.

_____ 7. Non posso tenerlo.

_____ 8. Non so perché mi sono arrabbiata così tanto con te.

3 **Completare** Complete this conversation between Viola and Emily with words from the list. Not all words will be used.

adesso	bene	meglio
altra	davvero	proprio
ancora	invece	tutti

EMILY Cosa è successo?

VIOLA Ho lasciato Massimo.

EMILY (1) _____? Che cosa gli hai detto?

VIOLA Gli ho detto che non siamo fatti l'uno per l'(2) _____.

EMILY Hai fatto (3) _____. Hai parlato con Lorenzo?

VIOLA No, non (4) _____.

EMILY Vorresti metterti con lui?

VIOLA È (5) _____ che non veda nessuno (6) _____. Il semestre è quasi finito e devo pensare agli esami.

Nome _____ **Data** _____

4 **Identificare** Match these images with their captions.

_____ 1. Ma non voglio stare con nessuno per il momento.

_____ 2. È impossibile essere arrabbiati con te.

_____ 3. Secondo i miei genitori, è meglio che io torni a casa quest'estate.

_____ 4. Non so cosa fare per meritare la tua fiducia.

_____ 5. Sembra impossibile adesso, ma un giorno vedrai tutto con più serenità.

a.

b.

c.

d.

e.

Dopo il video

5 **Mettere in ordine** Number these events in the order in which they occur in the video.

_____ a. Riccardo e Marcella fanno pace (*make up*).

_____ b. Viola dice a Emily che ha lasciato Massimo.

_____ c. Lorenzo esce per comprare del gelato.

_____ d. Viola dice a Lorenzo che adesso non ha tempo per l'amore.

_____ e. Lorenzo entra in cucina.

6 **Vero o falso?** Indicate whether each statement is **vero** or **falso**.

	Vero	Falso
1. I genitori di Emily le hanno detto che può restare a Roma dopo la fine del semestre.	O	O
2. Viola ha lasciato Massimo.	O	O
3. Lorenzo chiede scusa a Viola perché l'ha baciata.	O	O
4. Viola non vuole mettersi con Lorenzo perché deve tornare a Capistrello.	O	O
5. Marcella cerca di incoraggiare Lorenzo.	O	O
6. Riccardo chiede a Marcella di lavare il maglione.	O	O

7 **Tocca a te!** Describe a time when you made up with a friend or relative after an argument or misunderstanding.

_____

_____

_____

_____

_____

_____

Video Manual

42 **Lezione 11A Fotoromanzo** Activities © by Vista Higher Learning. All rights reserved.

Nome _____ Data _____

Lezione 11B, Puntata 22   Fotoromanzo

PENSANDO AL FUTURO

Prima di guardare

1 **Che cosa succede?** In this episode, the characters talk about their future plans. What words and expressions do you expect to hear them say?

_____
_____
_____
_____
_____
_____

Durante il video

2 **Chi parla?** Indicate which character says each line: **Emily, Lorenzo, Riccardo,** or **Viola**.

_____ 1. Hai provato a calcolare quanto costerebbe?
_____ 2. Non ho nemmeno un curriculum.
_____ 3. È vero, tu bevi sempre caffè.
_____ 4. Tieni, puoi ascoltare la musica con questa.
_____ 5. Quella ragazza non sa cosa vuole.
_____ 6. Non so nemmeno come mi sento.
_____ 7. Dovresti mettere lo stage qui e parlare della tua istruzione qui.
_____ 8. Perché le ragazze si comportano in questo modo?

3 **Completare** Complete these sentences with words from the list.

| curriculum | esperienza | gestore | lavoro | qualcuno | spese |

VIOLA Appartamento, cibo, caffè, (1) _____ varie... dovresti trovare un (2) _____. Che cosa sai fare?

EMILY Purtroppo non ho nessuna (3) _____ professionale. Non ho nemmeno un (4) _____. Però so fare il caffè.

VIOLA È vero. Tu bevi sempre caffè. Dovresti parlare con il (5) _____ per vedere se sta cercando (6) _____.

4 **Associare** Match the first half of these sentences with the correct endings.

_____ 1. I miei genitori non vogliono che...   a. io aiuti te.
_____ 2. Ora lascia che...   b. tu sia innamorata dell'amore, Viola.
_____ 3. Credo che...   c. aver commesso un errore.
_____ 4. Mi piaceva di più quando...   d. chiederti consiglio.
_____ 5. Penso di...   e. io stia in Italia quest'estate.
_____ 6. Temo che...   f. faceva la timida.
_____ 7. No. Non avrei dovuto...   g. tu le piaccia.
_____ 8. Te l'avevo detto che...   h. sarebbe andata a finire così.

© by Vista Higher Learning. All rights reserved.   Lezione 11B Fotoromanzo Activities   43

Nome _____   Data _____

Dopo il video

5 **Descrizioni** Which character does each statement describe?

1. Perde il carica batteria.
   a. Emily   b. Viola   c. Lorenzo   d. Riccardo
2. Scrive un messaggio con il cellulare.
   a. Emily   b. Viola   c. Lorenzo   d. Riccardo
3. Ha un colloquio a Milano.
   a. Emily   b. Viola   c. Lorenzo   d. Riccardo
4. Se vuole restare a Roma, dovrà trovare un lavoro.
   a. Emily   b. Viola   c. Lorenzo   d. Riccardo
5. Forse è innamorato/a dell'amore.
   a. Emily   b. Viola   c. Lorenzo   d. Riccardo
6. Si arrabbia con un altro personaggio.
   a. Emily   b. Viola   c. Lorenzo   d. Riccardo
7. Non ha esperienza professionale.
   a. Emily   b. Viola   c. Lorenzo   d. Riccardo
8. Sistema il suo curriculum.
   a. Emily   b. Viola   c. Lorenzo   d. Riccardo

6 **Spiegare** What is happening in this photo? Describe the events leading up to this moment.

_____
_____
_____
_____
_____

7 **Tocca a te!** Make predictions for the four characters. What will they do in the future? What do you think will become of them?

1. Emily _____
   _____
   _____

2. Viola _____
   _____
   _____

3. Lorenzo _____
   _____
   _____

4. Riccardo _____
   _____
   _____

Nome _____ Data _____

Lezione 12A, Puntata 23
PICNIC D'ADDIO

Fotoromanzo

Prima di guardare

1 **Che cosa succede?** Look at the video still. In this episode, the characters go to a park for a picnic. What words and expressions do you expect to hear them say?

_____
_____
_____
_____
_____
_____

Durante il video

2 **Chi parla?** Indicate which character says each line: **Emily, Lorenzo, Riccardo, Viola, Paolo,** or **Marcella**.

_____ 1. Non mi avevi detto che dovevi partire.
_____ 2. Spero che troverai il caffè perfetto.
_____ 3. Verrò a prendere i bagagli dopo l'esame.
_____ 4. È il parco più bello che ci sia a Roma.

_____ 5. Puoi restare con noi.
_____ 6. Ma tua madre conduce un'attività.
_____ 7. Avete il suo numero di cellulare?
_____ 8. No, non vado da nessuna parte prima del dolce.

3 **Mettere in ordine** Number these events in the order in which they occur.

_____ a. Paolo propone a Emily di restare a vivere nella pensione.
_____ b. Lorenzo saluta Marcella ed Emily.
_____ c. Viola va via con Riccardo verso la stazione.
_____ d. Viola chiede dov'è Lorenzo.
_____ e. Il gruppo arriva al parco.

4 **Completare** Complete these sentences with words from the list.

accada	ci sia	possa	sia stato	resti	trovi	vada	voglia

1. Che peccato che tu non _____ restare per il picnic.
2. Spero che tu _____ bene qui.
3. Qualunque cosa _____, non mi dimenticherò mai di te.
4. È il parco più bello che _____ a Roma.
5. I miei genitori non vogliono che io _____ a Roma a meno che non _____ un lavoro.
6. È meglio che io _____ a casa.
7. Sembra che invece lui non _____ parlare con te.

Nome _____   **Data** _____

Dopo il video

5 **Vero o falso?** Indicate whether each statement is **vero** or **falso**.

	Vero	Falso
1. Lorenzo chiede a Marcella dove sono Emily e Viola per salutarle.	○	○
2. Emily non sapeva che Lorenzo avesse un colloquio di lavoro.	○	○
3. Lorenzo promette a Emily che guarderà il blog.	○	○
4. Emily accetta di restare nella pensione.	○	○
5. Viola non è più arrabbiata con Emily.	○	○
6. Lorenzo parte con il treno dell'una.	○	○

6 **Spiegare** Answer these questions in Italian according to what you saw in the video.

1. Perché Emily non può restare a Roma lavorando al bar?

_____

_____

2. Cosa vuole fare Riccardo la prossima settimana?

_____

_____

3. Perché Viola è triste durante il picnic?

_____

_____

4. Perché Riccardo accetta di accompagnare Viola alla stazione con lo scooter?

_____

_____

7 **Tocca a te!** Describe a city park or a nature reserve that you know. What natural features are there to see? What kind of animals can you see? What activities you can do?

_____

_____

_____

_____

_____

_____

_____

_____

_____

_____

_____

46 **Lezione 12A Fotoromanzo** Activities   © by Vista Higher Learning. All rights reserved.

Nome _____ Data _____

Lezione 12B, Puntata 24

ARRIVEDERCI, ROMA!

Fotoromanzo

Prima di guardare

1 **Che cosa succede?** In this episode, Riccardo and Viola are rushing to the train station because Viola wants to talk with Lorenzo. What do you think will happen?

_____
_____
_____
_____
_____
_____

Durante il video

2 **Chi parla?** Indicate which character says each line: **Emily, Riccardo, Viola, Paolo,** or **Marcella**.

_____ 1. Spero che ce la facciano.

_____ 2. So guidare uno scooter, grazie mille.

_____ 3. Pensavo che ti occupassi solo di film e computer.

_____ 4. Se non facciamo attenzione all'ambiente, rischiamo il riscaldamento globale.

_____ 5. Non capiresti.

_____ 6. Spero che tu ce la presenterai quando verrà a Roma.

_____ 7. Lui mi piaceva perché era attratto da me.

_____ 8. Sei così sensibile a volte.

3 **Identificare** Match these images with their captions.

_____ 1. Niente immondizia in giro!
_____ 2. Non c'è di che. Lascia che ti aiuti.
_____ 3. Allora, com'è andata?
_____ 4. Mia madre viene a Roma.
_____ 5. Sono una stupida, vero?

a.

b.

c.

d.

e.

Nome _____ **Data** _____

4 **Completare** Watch Emily and Paolo talk about the importance of protecting the environment and complete Paolo's lines with the missing words. Not all words will be used.

> attenzione   inquinamento   riscaldamento
> deforestazione   pannelli   serra

PAOLO L'effetto (1) _____ è una cosa seria, Emily. Se non facciamo (2) _____ all'ambiente, rischiamo il (3) _____ globale. [...] Non mi piacerebbe avere un'amica che non si preoccupa dell'(4) _____ e della (5) _____. Io e Caterina abbiamo proposto l'impianto di (6) _____ solari per la nostra scuola.

5 **Associare** Match the first half of these sentences with the correct endings.

_____ 1. Pensi che Riccardo e Viola…

_____ 2. Lo pensavo anch'io prima…

_____ 3. Se tu avessi un po' di buon senso, …

_____ 4. Dobbiamo sbrigarci se…

_____ 5. Mi chiedo come…

a. vogliamo prenderlo.

b. possano arrivare in tempo alla stazione?

c. sia andata a finire alla stazione.

d. non ci troveremmo in questa situazione.

e. che lo rompessi.

Dopo il video

6 **Vero o falso?** Indicate whether each statement is **vero** or **falso**.

	Vero	Falso
1. Caterina è una compagna di scuola di Paolo.	○	○
2. A Paolo non interessa l'ecologia.	○	○
3. Alla stazione, Lorenzo incontra una sua amica.	○	○
4. Quando Viola esce dalla stazione, Riccardo la prende in giro.	○	○
5. Emily viaggerà con sua madre per un mese.	○	○
6. Viola si accorge che Riccardo è un ragazzo dolce.	○	○

7 **Tocca a te!** In this episode, Paolo and Emily talk about ecological problems. What can you do to preserve the environment where you live?

_____

_____

_____

_____

_____

_____

_____

48 **Lezione 12B Fotoromanzo** Activities   © by Vista Higher Learning. All rights reserved.